Englisch positiv!
1. Klasse

Elternhilfe · Band 4

Arnout de Waal — Hanna Karollus

Englisch positiv!

1. Klasse

Lösungsheft

ÖBV

Österreichischer Bundesverlag, Wien

1. Teil: Kommunikative Spiele zu zweit

Lesen Sie zuerst gemeinsam mit dem Kind die im Hauptteil enthaltene Einleitung „Was ist ein ‚kommunikatives' Spiel?" durch.
Beachten Sie ferner folgende Punkte:

- Diese Spiele stehen am Anfang des Buches, weil es für den Lernerfolg viel günstiger ist, wenn sich das Kind zuerst auf kommunikativ-spielerische Weise mit den verschiedenen Sprachstrukturen vertraut macht und erst danach die entsprechende Grammatik übt. **Im Lösungsheft werden bei einigen Spielen die jeweils zutreffenden Seiten im Grammatikteil angeführt.**

- Diese Spiele sollen das Kind dazu motivieren, sich auf Englisch auszudrücken, auf Englisch zu kommunizieren. In dieser Situation sollten Sie **bei der grammatikalischen Genauigkeit manchmal etwas Nachsicht üben,** damit die natürliche Kommunikationsfreude des Kindes nicht zu sehr gebremst bzw. gehemmt wird.

- Lassen Sie dem Kind bei den Spielen **möglichst viel Gelegenheit zur Beweglichkeit.** Zum Beispiel müssen die Fragen in vielen Spielen nicht unbedingt in der vorgegebenen Reihenfolge gestellt werden.

- Animieren Sie das Kind dazu, bei diesen Spielen auch **kreativ** zu sein, z. B. durch das Bilden von zusätzlichen eigenen Fragen, die zum jeweiligen Spiel passen. Es lassen sich auch mehrere Spiele beliebig variieren.

- Vergessen Sie nicht, das Kind auch **durch Lob zu motivieren.** Hiezu einige Redewendungen auf Englisch, die Ihnen nützlich sein können.

Very good!	Sehr gut!
Well done!	Gut gemacht!
Almost right!	Fast richtig!
Try again!	Versuch es noch einmal!

- **Haben Sie bitte keine Hemmungen, hier voll und ganz mitzuspielen, auch wenn Sie meinen, daß Ihre Englischkenntnisse vielleicht unzureichend sind. Es geht hier schließlich um die Freude am gemeinsamen Spiel!**

1. *Nach der Farbe fragen (Asking for the colour)*

Seite 15 **Grammatik** S. 56

Frage des Kindes	**Ihre Antwort**
What colour **is** the anorak?	It **is** orange.
What colour **are** the boots?	They **are** yellow.
What colour **is** the coat?	It **is** blue.
What colour **is** the dress?	It **is** pink.
What colour **is** the handkerchief?	It **is** red.
What colour **is** the hat?	It **is** brown.
What colour **is** the jacket?	It **is** grey.
What colour **are** the jeans?	They **are** black.
What colour **are** the pants?	They **are** blue.
What colour **are** the pyjamas?	They **are** red.
What colour **is** the shirt?	It **is** white.
What colour **are** the shoes?	They **are** pink.
What colour **is** the skirt?	It **is** brown.
What colour **are** the socks?	They **are** green.
What colour **are** the stockings?	They **are** yellow.
What colour **is** the tie?	It **is** green.
What colour **are** the trousers?	They **are** grey.
What colour **is** the vest?	It **is** white.

oder

Is the hat blue?	No, it **is**n't. [iznt]
Is the hat brown?	Yes, it **is.**
Are the jeans blue?	No, they **are**n't. [a:nt]
Are the jeans black?	Yes, they **are.**

- Lassen Sie das Kind die Fragen in beliebiger Reihenfolge stellen!
- Achten Sie bitte sehr auf **'is'** bzw. **'are'** bei Frage und Antwort. **'is'** = Einzahl, z. B. jacket, anorak, shirt; **'are'** = Mehrzahl, z. B. jeans, trousers, socks.

2. *Fragen, wo etwas ist (Asking where something is)*

Seite 16 **Grammatik** S. 56

Frage des Kindes	**Ihre Antwort**
Where is the brush?	It's (= It is) in front of (vor) the bookcase.
Where is the comb?	It's in the cupboard (Schrank).
Where are the gloves? (Handschuhe)	They are between (zwischen) the chairs.
Where is the lamp?	It's beside (neben) the bed.
Where are the letters?	They are behind (hinter) the curtain (Vorhang).

Where is the football?	It's under the bed.
Where is the mirror? (Spiegel)	It's on the wall.
Where are the posters?	They are above (über) the bed.
Where is the radio?	It's near the cupboard.
Where are the scissors (Schere)?	They are on the desk (Schreibtisch).

oder

Is the brush on the desk?	No, it isn't.
Is it in front of the bookcase?	Yes, it is.
Are the posters under the bed?	No, they aren't.
Are they above the bed?	Yes, they are.

- Lassen Sie wieder das Kind die Fragen beliebig stellen.
- Achten Sie auch hier auf die richtige Verwendung von 'is' und 'are'.
- Wenn das Kind alle Positionen hat, drehen Sie das Spiel um und stellen Sie die Fragen. Sagen Sie z. B. 'Now you tell me where everything is!'

3. *Wem gehört es? (Whose is it?)*

Seite 17 **Grammatik** S. 52

Die sieben Gegenstände im Buchstabenrätsel sind:

Mr Brown's **car**		Floppy's **basket**	(Korb)
Mrs Brown's **purse**	(Geldbörse)	Jane's **dress**	(Kleid)
Emma's **toy**	(Spielzeug)	John's **knife**	(Messer)
Stephen's **bike**	(Fahrrad)		

4. *Jemanden beschreiben (Describing somebody)*

Seite 18 **Grammatik** S. 112

Frage des Kindes	**Ihre Antwort**
Has he **got** a long nose or a short nose?	He's (= He has) **got** a long nose.
Has he got a long chin or a short chin?	He's got a long chin.
Has he got big ears or small ears?	He's got small ears.
Has he got beautiful eyes or ugly eyes?	He's got beautiful eyes.
Has he got a round face or a square face?	He's got a square face.
Has he got thick eyebrows or thin eyebrows?	He's got thick eyebrows.
Has he got blond hair or dark hair?	He's got blond hair.

Has he got a big mouth or a small mouth? He's got a big mouth.
Has he got a fat neck or a thin neck? He's got a fat neck.
Has he got good teeth or bad teeth? He's got good teeth.

oder

Has he got glasses? Yes, he has.
Has he got a beard? No, he hasn't.
Has he got a moustache? Yes, he has.

Achten Sie bei Frage und Antwort darauf, daß das wichtige Wort **'got'** nicht ausgelassen wird! Eine Erklärung für die Verwendung von 'got' finden Sie im Buch auf Seite 112.

Das richtige Phantombild

5. *Was man gern oder nicht gern hat (Things you like or don't like)*

Seite 19 **Grammatik** S. 82 u. 86

Eine kompliziertere Aufgabe, daher hier noch einmal die Anleitungen:

- Zuerst soll das Kind ein Kärtchen mit folgenden Antwortmöglichkeiten machen:
  Yes, very much (+ +)
  Yes, I do (+)
  No, I don't (—)

No, I hate it (——)   (Ich hasse es)
I don't know (?)   (Ich weiß nicht)

- Dann soll es die eigene Spalte entsprechend ausfüllen.
- Danach soll es Sie und ein paar andere Leute befragen — immer **mit Vorlage des Antwortkärtchens.**
  Lassen Sie sich dann über die Vorlieben und Abneigungen der anderen berichten:
  z. B. Do**es** he/she like toast?   Aussprache: [dʌz]

  Antwortmöglichkeiten:
  Yes, very much
  Yes, he/she do**es**
  No, he/she do**es**n't
  No, he/she hate**s** it
  He/She do**es**n't know
- Schließlich soll das Kind ohne Fragen selbst berichten.
  z. B. Daddy (Vater) likes . . . but he hates . . .

6. Beim Einkaufen (Shopping)

Seite 20   **Grammatik** S. 56

Frage des Kindes	**Ihre Antwort**	**[Aussprache]**
How much is the **sugar?**	It's (= It is) 60 p	[sɪkstɪ pi:]
How much is the **tea?**	It's 80 p	[eɪtɪ pi:]
How much is the **butter?**	It's 70 p	[sevntɪ pi:]
How much **are** the **socks?** (Mehrzahl!)	They are £ 2.10	[tu: paʊndz ten]
How much is the **pullover?**	It's £ 3.00	[θri: paʊndz]
How much **are** the **trousers?**	They are £ 5.00	[faɪv paʊndz]
How much is the **hat?**	It's £ 1.50	[wʌn paʊnd fɪftɪ]
How much **are** the **sausages?**	They are £ 1.60	[wʌn paʊnd sɪkstɪ]
How much is the **lamb?**	It's £ 2.90	[tu: paʊndz naɪntɪ]
How much is the **chicken?**	It's £ 4.00	[fo: paʊndz]
How much is the **bread?**	It's 50 p	[fɪftɪ pi:]
How much **are** the **rolls?**	They are 60 p	[sɪkstɪ pi:]
How much is the **cake?**	It's £ 1.50	[wʌn paʊnd fɪftɪ:]

- Die billigsten Artikel sind:

Supermarket — sugar	60
Clothes shop — hat	1.50
Butcher — sausages	1.60
Baker — bread	50
Total (Summe)	4.20

7. Wie spät ist es? (What's the time?)

Seite 21

- Der Clou bei diesem Spiel ist, daß von dreizehn Uhren zwölf **paarweise** dieselbe Zeit zeigen, d. h. nur eine Uhr hat keinen „Zwilling". Und die zeigt die richtige Zeit!

Frage des Kindes	**Ihre Antwort**
What's the time on the **first** clock?	Ten o'clock. (10.00)
What's the time on the **second** clock?	Half past eleven. (11.30)
What's the time on the **third** clock?	Ten past one. (13.10)
What's the time on the **fourth** clock?	Twenty to six. (5.40)
What's the time on the **fifth** clock?	A quarter past eight. (8.15)
What's the time on the **sixth** clock?	A quarter to three. (2.45)
What's the time on the **seventh** clock?	Twenty past ten. (10.20)
What's the time on the **eighth** clock?	Ten past one. (13.10)
What's the time on the **ninth** clock?	Twenty to six. (5.40)
What's the time on the **tenth** clock?	A quarter past eight. (8.15)
What's the time on the **eleventh** clock?	Half past eleven. (11.30)
What's the time on the **twelfth** clock?	Ten o'clock. (10.00)
What's the time on the **thirteenth** clock?	Twenty past ten. (10.20)

- Die richtige Zeit ist also: **a quarter to three** (2.45)
  d. h. the **sixth** clock.

8. Johns Tagesroutine (John's daily routine)

Seite 22 **Grammatik** S. 82

- Ein Würfelspiel. Die genauen Anleitungen stehen im Buch.
- Wichtig ist, daß sich das Kind vor dem Spiel zuerst alle Ausdrücke/Sätze merkt und daß diese Ausdrücke/Sätze während des Spiels **zugedeckt** bleiben.

2. He gets up.
3. It's a beautiful day.
5. He has breakfast.
7. He packs his schoolbag.
9. He **misses** the bus (versäumt).
11. He **catches** the bus (erwischt).
13. He **meets** his friends (trifft).
15. He is **late** for school (zu spät).
16. School begins at nine.
18. He has a maths lesson.
19. He gets **good marks** (gute Noten).
21. He has a German lesson.
23. He **has a break** (macht Pause).
24. He has an English lesson.
25. He **hasn't got his book** (hat sein Buch nicht mit).
27. He has a biology lesson.
28. He **draws** a **good picture** (macht eine gute Zeichnung).
29. He has **lunch** (Mittagessen).
31. He plays football.
32. He **hurts his leg** (verletzt sich das Bein).
34. He has a **history** lesson (Geschichte).
35. His homework is very good.
36. School ends.
38. He **gets a lift home** (wird mit nach Hause genommen).

39. He catches the bus home.
40. He misses the bus home.
41. He **arrives** home for tea (kommt an).
43. He **does** his homework (macht).
45. He has **supper** (Abendessen).
46. He watches television.
48. He **goes to bed** too late (geht zu Bett).
49. He **goes to sleep** (schläft ein).

- Lassen Sie das Kind nach dem Spiel einmal den eigenen Alltag beschreiben.

9. *Anleitungen geben (Giving instructions)*

Seite 24 — **Grammatik** S. 110

- Bei diesem Spiel müssen Sie möglichst genau den Anleitungen des Kindes folgen. Es wird Ihnen genau sagen, wo auf dem leeren Grundriß die darunter angegebenen Möbelstücke — in unveränderter Größe — einzusetzen sind.

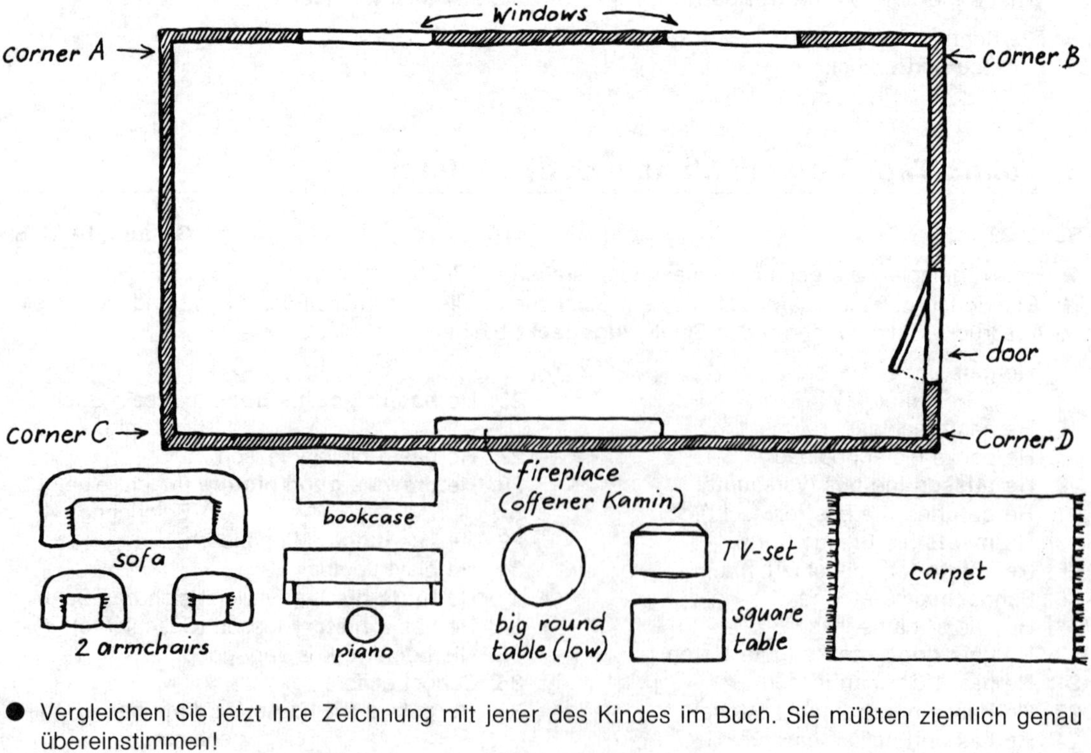

- Vergleichen Sie jetzt Ihre Zeichnung mit jener des Kindes im Buch. Sie müßten ziemlich genau übereinstimmen!

10. Wie oft . . . ? (How often . . . ?)

Seite 25 **Grammatik** S. 76 u. 82

- Hier soll wieder eine Karte mit Antwortmöglichkeiten vorbereitet werden, und zwar mit:

ALWAYS	(immer)	SELDOM	(selten)
OFTEN	(oft)	NEVER	(nie)
SOMETIMES	(manchmal)		

- Die Ausdrücke, die auf dem Fragebogen *(QUESTIONNAIRE)* stehen, werden immer mit 'How often do you . . .' eingeleitet. So:

  How often do you brush your teeth?
  How often do you watch TV?
  How often do you go to a football match?

- Wenn der Bogen ausgefüllt ist, soll das Kind die Ergebnisse in der 3. Person Einzahl, d. h. mit 'he' bzw. 'she' bilden, zum Beispiel:

  He **always** brush**es** his teeth.
  He **sometimes** go**es** to the dentist.
  He **often** watch**es** TV.

  Achten Sie dabei darauf, daß

  (1) 'always', 'often' usw. **unmittelbar** auf 'he' bzw. 'she' folgen und
  (2) beim Zeitwort immer **-s** oder **-es** angehängt werden. (Siehe dazu den Grammatikteil Seite 82.)

11. Du machst ein Interview (Interviewing somebody)

Seite 26 **Grammatik** S. 86 u. 112

- Helfen Sie dem Kind, jemanden für das Interview zu finden, der einigermaßen Englisch spricht.
- Vor dem Interview könnten Sie die Fragen, die zu stellen sind, noch gemeinsam durchgehen. Die richtigen Fragestellungen sind:

  How old are you?
  Have you got any **sisters?**
  Have you got any **brothers?** } Bitte achten Sie darauf, daß **'got'** nicht ausgelassen wird.
  What is your **job?**
  What are your **hobbies?**
  What is your **favourite food?** (Lieblingsgericht)
  What is your **favourite drink?**
  What is your **favourite TV programme?**
  What **languages** do you **speak?**
  Do you **smoke?**

- Lassen Sie sich anschließend die Ergebnisse berichten. Zum Beispiel:
  She has got two sisters.
  She speaks German and English.
  She doesn't smoke.

12. *Einen Termin vereinbaren (Making a date)*

Seite 27

- Ein Rollenspiel, wobei Sie die Rolle der Freundin Judy bzw. des Freundes Mike übernehmen.
- Achten Sie darauf, daß in einer solchen Situation, in der es sich um die nahe, voraussehbare Zukunft handelt, stets die Verlaufsform der Gegenwart, d. h. present progressive, verwendet wird.
  Deutsch: Was machst du morgen? Englisch: What **are you doing** tomorrow?
- Beim Vorschlagen am Ende des Dialogs ist "Let's . . ." die auf Englisch übliche Formulierung. Zum Beispiel:
  Deutsch: Gehen wir ins Kino? Englisch: Let's go to the cinema!
  Wenn Sie zu einem bestimmten Zeitpunkt nichts vorhaben, dann sagen Sie "nothing".

Emma's/John's diary (Kalender)

	afternoon	evening
MONDAY		
TUESDAY		
WEDNESDAY		
THURSDAY		
FRIDAY		
SATURDAY		
SUNDAY		

Ihr Kalender

	afternoon	evening
MONDAY		go to the cinema
TUESDAY	have a guitar lesson	
WEDNESDAY		watch foot-ball on TV
THURSDAY	play chess	
FRIDAY		
SATURDAY	play tennis	
SUNDAY	visit Aunt Mary in the Country	

13. *Vokabelspiele (Vocabulary games) zu zweit*

Seite 28

Die Vokabelspiele werden von Spiel zu Spiel schwieriger. Spiel 4 (Wortgruppen) wird wahrscheinlich erst im zweiten Semester möglich sein.

14. *Nach Berufen fragen (Asking about people's jobs)*

Seite 30 **Grammatik** S. 88

Problemstellung: Was macht Mr Simpson (beruflich)? (What does Mr Simpson do?)

Frage des Kindes	**Ihre Antwort**
What does Mr Simpson do?	I don't know!
What does Mrs Walters do?	She's **a** teacher.
What does Mrs Jones do?	She's **a** dentist.
What does Mr Smith do?	He's **a** doctor.
What does Mr Burton do?	He's **a** baker.
What does Mr Floydd do?	He's **a** pop-star.
What does Mr Grant do?	He's **a** grocer. (Kaufmann)
What does Mr 007 do?	He's **a** robot!
What does Mr Green do?	He's **a** milkman.
What does Mr Barnes do?	He's **a** butcher.
What does Mrs Dunn do?	She's **a** shop-assistant.
What does Mrs Pope do?	She's **a** farmer.
He's a postman!	So what does Mr Simpson do?

15. *Wie geht es dir? (How are you?)*

Seite 31

Ein Würfelspiel zu zweit.

- Das Wesentliche bei diesem Spiel ist, daß die Frage "How are you" und die auf dem jeweiligen Feld angegebene Antwort deutlich ausgesprochen und auf diese Weise geübt werden.
- Achten Sie auf die Aussprache von 'ache' = **[eik]**, z. B. 'toothache' oder 'headache'.
- Die einzelnen Redewendungen bedeuten:

I'm fine, thanks.	Es geht mir gut, danke.
Not very well.	Nicht sehr gut.
I've got a toothache.	Ich habe Zahnschmerzen.
All right, thanks.	In Ordnung, danke.
Not very well. I've got a cold.	Nicht sehr gut. Ich habe eine Verkühlung. (Ich habe mich erkältet.)
Fine, thanks. And you?	Danke gut. Und dir (Ihnen)?
Great! It's my birthday today.	Großartig! Heute ist mein Geburtstag (habe ich G.).
My arm hurts.	Mein Arm tut weh.
Very well, thank you.	Sehr gut, danke.
I think I've got flu.	Ich glaube, ich habe eine Grippe.
I don't feel well.	Ich fühle micht nicht ganz wohl (gesund).
Fine! Because the holidays start tomorrow.	Gut, denn morgen beginnen die Ferien.

16. Ein zweites Interview (A second interview)

Seite 32 **Grammatik** S. 118 u. 124

- Diesmal handelt es sich um Fragestellungen, die die **Vergangenheit** betreffen, d. h. es wird die 'past tense' verwendet.
- Vor dem Interview sollten Sie die Fragen, die zu stellen sind, gemeinsam wiederholen.
  1. What is your **name?**
  2. **When** were you **born?**
  3. **Where** were you **born?**
  4. **Where** did you go to **school?** ODER **Where** were you at **school?**
  5. **Which subjects** did you **like?** (Subject = Gegenstand)
  6. **Which subjects** did you **not like?**
  7. **Which sports** did you **play at school?**
  8. **What** were your **hobbies when you were young?**
  9. **How often** did you go **to the cinema when you were young?**
  10. Did you **like school?**
- Lassen Sie sich nachher wieder die Ergebnisse des Interviews berichten.

17. Einen Brief schreiben (Writing a letter)

Seite 33

- Zweck dieses Spiels ist es, das Kind mit der Form und mit Phrasen eines einfachen Briefes vertraut zu machen. Wenn es den ersten Brief sorgfältig studiert hat, dann müßte es in der Lage sein, die Wörter, die im zweiten Brief verwischt wurden, anzugeben.
- **Die Lösung:**

27, Barton Rd
Cambridge
25th **March**

Dear Emma,
Thank you for the beautiful **picture.** I have put **it** in the **kitchen.** I had a wonderful **birthday.** Uncle Tom and **Aunt** Margaret came for the day. It was such fun. **Grandpa** gave me a new **bicycle** (ODER: **bike**)! A red one. We shall see you when we come to stay in **April.**

Lots of **love**
Granny

18. Um etwas bitten oder etwas anbieten (Asking for or offering something)

Seite 34

- Dieses letzte Spiel ist wieder ein Würfelspiel, allerdings relativ schwierig, denn es werden hier verschiedene Frage- und Antwortmöglichkeiten kombiniert. Es empfiehlt sich daher, daß Sie diesmal die Anleitungen und die Frage- und Antwortbeispiele gemeinsam mit dem Kind sorgfältig studieren.
- Ziel des Spiels ist es, verschiedene Formen des Bittens bzw. Anbietens zu üben. Es ist daher besonders zweckmäßig, daß Frage und Antwort während des Spiels immer deutlich und richtig ausgedrückt werden.

2. Teil: Grammatik mit Übungen

Erster Orientierungstest: Kapitel 1 bis 5

Seite 38

1. **an** exercise book
   a cap
   an orange
   a German book
   a pencil
   an old man

   Jane must go to school.
   The book is on **the** table.
   Peter is in bed.
   I can play **the** piano.

2. apple**s**
   sandwich**es**
   stor**ies**
   kni**ves**
   m**e**n
   chair**s**

   a cup of tea
   some tea
   some milk
   some butter
   a bottle of milk
   a pound of butter

   John**'s** room
   the children**'s** books
   the boy**s'** teacher

Seite 39

3. I can't see **her**.
   Where is **it**?
   They are on the table.
   Emma can't find **him**.
   Here are **their** shoes.
   Where are **her** glasses?

4. I **am** not English.
   Mr and Mrs Brown **are** at home.
   Is Stephen at home, too?
   There **are** two books on the table.

   Are the twins at school?
   Can Jane play the piano?
   Is there a mouse in the room?

5. The sun **is** shin**ing**.
   The children **are** play**ing**.
   I **am** learn**ing** English.
   Father **is** si**tting** on a chair.

   Are the twins watch**ing** TV?
   The twins **aren't** watch**ing** TV.
   Am I learn**ing** German?
   I'm not learn**ing** German.
   Is Jane do**ing** her homework?
   Jane **isn't** do**ing** her homework.

1. Der Artikel (the article)

Seite 40

(1) **a** house, **a** bus, **a** thing, **a** school, **a** class, **a** ball, **a** table, **a** bag

(2) **an** Englishman, **an** umbrella, **an** egg, **an** American car, **an** Austrian bike, **an** elephant

a chair, **a** schoolbag, **a** black umbrella, **a** window, **a** blue exercise-book, **a** light, **a** tennis ball

Seite 41

(1) **an** orange
a banana
a shoe
an old shoe
a car
an American car
a pencil
a blue pencil
a horse
an hour
a book
an English book
a bike
an Austrian bike
a holiday
an aeroplane
an umbrella
a brown umbrella
a uniform
an ice-cream
a boy
a German boy
an actor
a big man

(2) **an** English book
an umbrella
a bike
a uniform
an ice-cream
a pencil
an aeroplane
an old man
a mouse
a car

Seite 42

(1) **the** house, **the** school, **the** man, **the** child, **the** car, **the** pen

Vorsicht!

(1) Mrs Brown is in the house.
Uncle Henry is in the garden.

Winter is coming.
I like summer.

Sunday is the last day.
I like Saturday.

Supper is ready.

Mr Brown is in bed.
I go to school.

Seite 43

th[i]

the orange
the English teacher
the umbrella
the aeroplane
the old shoe
the American president

th[ə]

the ball
the pencil
the cap
the letter
the house
the red apple

(2)
1. I must go to school.
2. Uncle Sam is in **the** garden.
3. Mummy, when is lunch ready?
4. My friend Charles plays **the** horn.
5. Jane is ill. She is in bed.
6. I like Tuesday best.
7. In winter it is very cold.
8. Where is Emma? She is at school.
9. It is late. You must go to bed.
10. Friday is the day after Thursday.
11. Look! There is Mrs Smith!
12. I go to school after breakfast.

2. *Das Hauptwort (the noun)*

Seite 44

(1) bag**s**, sock**s**, shoe**s**, door**s**, finger**s**, example**s**, hat**s**, cake**s**, page**s** [iz], house**s** [ziz]

(2) bus**es**, brush**es**, class**es**, dress**es**, cross**es**

(3) bab**ies**, famil**ies**

pl**ays**, t**oys**

(4) wi**ves**, wol**ves**

Vorsicht!

three child**ren**, two m**e**n, two wom**e**n, two f**ee**t, four t**ee**th

Seite 45

(1) brush**es**
houses
page**s**
shel**ves**
day**s**
glass**es**
m**e**n
toys

f**ee**t
exercise-book**s**
dress**es**
bab**ies**
apple**s**
kni**ves**
table**s**
shoe**s**

stor**ies**
box**es**
sandwich**es**
orange**s**
teeth
wom**e**n
bus**es**
child**ren**

(2) three bab**ies**
four m**e**n
six t**ee**th
three fl**ies**

four sandwich**es**
four glass**es**
two box**es**
four child**ren**

two English book**s**
two bus**es**
two f**ee**t

Seite 46

(1) the man**'s** book
my brother**'s** pen
Mary**'s** father

the children**'s** socks
the men**'s** coats
the women**'s** dresses

the twin**s'** school
the girl**s'** teacher

(2) the top **of** the blackboard
the front **of** the car

Seite 47

(1) 1. This is Ann**'s** bike.
2. This is Father**'s** car.
3. This is the old man**'s** hat.
4. This is the postman**'s** bag.
5. This is the children**'s** dog.
6. This is Uncle Sam**'s** pipe.
7. This is my friend**s'** house.
8. This is the dog**'s** bone.

(2) 9. Andy must go to the grocer**'s**.
10. Mother must go to the butcher**'s**.
11. Stephen must go to the baker**'s**.
12. Mr Smith must go to the dentist**'s**.

(3) 13. This dog is Stephen**'s**.
14. This book is Father**'s**.
15. This coat is Mary**'s**.
16. This cat is my friend**'s**.
17. This house is Aunt Helen**'s**.
18. This garden is Emma and John**'s**.
19. This bike is Jane**'s**.
20. This room is the children**'s**.
21. This pencil-case is Charles**'s**.
22. This toy is the twin**s'**.
23. This pipe is Uncle Sam**'s**.
24. This room is the teacher**s'**.

Seite 48

some paper
some soap
some bread

a piece of paper
a bar of soap
a loaf of bread

Seite 49

(1) 1. Here is **a** bar of chocolate for you.
2. Here is **some** chocolate for you.
3. Can I have **some** paper?
4. Can I have **a** piece of paper?
5. Mother is buying **some** cheese.
6. Mother is buying **a** pound of cheese.
7. Can I have **a** glass of water?
8. Can I have **some** water?
9. There is **a** packet of butter in the cupboard.
10. There is **some** butter in the cupboard.
11. I must buy **a** tin of tea.
12. I must buy **some** tea.
13. There is **a** lump of sugar in your tea.
14. There is **some** sugar in your tea.
15. Here is **some** toothpaste.
16. Here is **a** tube of toothpaste.

(2) 17. **many** tins of tea
18. **much** chocolate
19. **many** books
20. **many** glasses of water
21. **much** cheese
22. **many** tubes of toothpaste
23. **much** rain
24. **much** paper
25. **many** bars of soap
26. **many** children

3. *Das Fürwort (the pronoun)*

Seite 51

(1) 1. **They** can see **it**.
2. **We** are in the garden.
3. I can't find **it**.
4. Where is **she**?
5. **It** is for **him**.
6. Can you see **her**?
7. Where are **they**?
8. I can see **them** in the pencil-case.

(2) 9. **They** are in the kitchen.
10. **He** is at home.
11. I can't find **them**.
12. I can't see **it**.
13. Can you see **me**?
14. How are **you**?
15. We can't find **her**.

(3) 16. Please give **it** to **her**.
17. Please give **it** to **them**.
18. Please give **it** to **us**.
19. Please give **them** to **her**.
20. Please give **them** to **him**.
21. Please give **them** to **us**.

Seite 52

my dog
her bag ODER **their** bag
our house
his friends
your family
your sister

Vorsicht!

(2) **Whose** ball is it? . . . Yes, it is **their** ball.
Whose dress is it? . . . Yes, it is **her** dress.
Whose bag is it? . . . Yes, it is **my** bag.
Whose dog is Floppy? . . . Yes, he is **our** dog.
Whose mouse is it? . . . Yes, it is **its** mouse.
Whose book is this? Is it **your** book? . . .

Seite 53

(1) 1. This is **their** dog.
2. This is **his** bedroom.
3. This is **her** satchel.
4. This is **their** house.
5. This is **his** newspaper.
6. This is **its** ball.

(2) 7. No, it isn't **his** umbrella.
8. No, it isn't **our** room.
9. No, it isn't **your** ball-point.
10. No, it isn't **their** car.

(3) 11. Whose cap is it? It is John's cap. It his **his** cap.
12. Whose car is it? It is Mr Brown's car. It is **his** car.
13. Whose racing-bike is it? It is Stephen's racing-bike. It is **his** racing-bike.
14. Whose teddy bear is it? It is Emma's teddy bear. It is **her** teddy bear.
15. Whose dog is it? It is the twins' dog. It is **their** dog.
16. Whose school is it? It is the twins' school. It is **their** school.
17. Whose skirt is it? It is Mother's skirt. It is **her** skirt.
18. Whose hat is it? It is Grandpa's hat. It is **his** hat.

Seite 54

these girls
these shoes
these tables
those houses
those cats
those men

Seite 55

(1) 1. **This** is my hat. **That** is your hat.
2. **This** is my skirt. **That** is your skirt.
3. **These** are my socks. **Those** are your socks.
4. **These** are my trousers. **Those** are your trousers.

(2) 5. Are **these** your socks? Yes, **those** are my socks.
6. Is **this** your scarf? Yes, **that** is my scarf.
7. Are **these** your shorts? Yes, **those** are my shorts.
8. Is **this** your jacket? Yes, **that** is my jacket.

4. *Hilfszeitwörter (auxiliary verbs)*

Seite 56

(1) **Am** I late?
Is she at home?
Are they at school?
Are you hungry?
Is he sleepy?

(2) **I'm not** English.
She **isn't** my sister.
They **aren't** at home.
We **aren't** late.

I'm not old.
He **isn't** my uncle.
It **isn't** eight o'clock.
They **aren't** my books.

Seite 57

(1) 1. My first name is Oliver and my family name is Black. I am English. I am ten years old. My sister Mary is thirteen years old. My father is an engineer. My mother is a teacher. Our three cats are very small.
2. My first name is Angelika and my family name is Mayer. I am Austrian. I am fourteen years old. My brother Andreas is eight years old. My father is an actor. My mother is a housewife. Our cat is very young.
3. My first name is Fritz and my family name is Schmidt. I am German. I am eleven years old. My sister Waltraud is fifteen years old. My father is a butcher. My mother is a nurse. Our two dogs are very big.

(2) 4. No, he **isn't**. **He's** an English teacher.
5. No, it **isn't**. **It's** young.
6. No, she **isn't**. **She's** a nurse.
7. No, it **isn't**. **It's** Black.
8. No, they **aren't**. **They're** big.
9. No, they **aren't**. **They're** Austrian.

(3) 10. No, **I'm not. I'm** ...
11. No, **I'm not. I'm** in ...
12. No, **I'm not. I'm** a young boy/girl.

Seite 58

There is a child in the car.
There are two cats in the garden.

There's a pen on the desk.
There isn't a book on the desk.
There're twenty children in the class.
There aren't thirty children in the class.

Vorsicht!

(1) **There** are twenty children in the class.
In the class **there** are twenty children.

(2) Are **there** three books in my schoolbag?

Seite 59

(1) 1. Is **there** one lamp in the bedroom?
No, in the bedroom **there** are two lamps.
2. Is **there** one chair in the dining-room?
No, in the dining-room **there** are eight chairs.
3. Are **there** two desks in Stephen's room?
No, in Stephen's room **there** is one desk.
4. Are **there** two windows in the bathroom?
No, in the bathroom **there** is one window.
5. Is **there** one bed in the twins' room?
No, in the twins' room **there** are two beds.

6. Are **there** two carpets in the sitting-room?
   No, in the sitting-room **there** is one carpet.

(2) 7. No, **there** isn't. But **there's** a book-case in the sitting-room.
8. No, **there** aren't. But **there're** two lamps in the bedroom.
9. No, **there** isn't. But **there's** a cupboard in Stephen's room.
10. No, **there** aren't. But **there're** eight chairs in the dining-room.
11. No, **there** isn't. But **there's** an oven in the kitchen.
12. No, **there** isn't. But **there's** a sofa in the living-room.

Seite 60

He **can** play the piano.
The children **can** go home.
She **can** play football.
I **must** go to school.
We **must** run.

Can they come tomorrow?
Can he do his homework?
Can we play in the garden?
Must she go home now?
Must I finish the work?

They **cannot/can't** play handball.
She **cannot/can't** play the horn.
I **cannot/can't** speak French.

Seite 61

(1) 1. Jane **can** play the piano, but she **can't** play the violin.
2. John **can** ride a bike, but he **can't** ride a horse.
3. The twins **can** play football, but they **can't** play tennis.
4. Mr and Mrs Brown **can** speak German, but they **can't** speak French.
5. Granny **can** play bingo, but she **can't** play football.
6. Grandpa **can** make toast, but he **can't** make cakes.
7. Father **can** drive a car, but he **can't** drive a bus.
8. You **can** speak German, but you **can't** speak Japanese.

(2) 9. **Can** the twins play tennis? No, they **can't**.
10. **Can** Mr and Mrs Brown speak French? No, they **can't**.
11. **Can** Father drive a bus? No, he **can't**.
12. **Can** Jane play the violin? No, she **can't**.
13. **Can** John ride a horse? No, he **can't**.
14. **Can** Grandpa make cakes? No, he **can't**.
15. **Can** you speak Japanese? No, I **can't**.
16. **Can** Granny play football? No, she **can't**.

5. *Die Verlaufsform der Gegenwart (the present progressive)*

Seite 62

Vorsicht!

(1) lik**ing**, tak**ing**, mak**ing**

(2) dro**pping**, ru**nning**, swi**mming**, hi**tting**, cu**tting**

Seite 63

(2) 1. She **is playing** ping-pong.
2. She **is eating** an apple.
3. They **are playing** in a tree.
4. They **are sleeping** under the tree.
5. He **is watching** a cat.
6. It **is looking** at a bird.

Seite 64

Are Granny and Grandpa sleeping under the tree?
Where are Granny and Grandpa sleeping?
Am I learning English?
What am I learning?
Is Jane eating an apple?
What is Jane eating?
Are the twins sitting in the tree?
Where are the twins sitting?

Seite 65

1. **Where** are Stephen and John running?
2. **Where** is Tim drawing a picture?
3. **What** is Mike throwing at Helen?
4. **What** is Jeremy opening?
5. **What** is Nicholas cutting?
6. **What** are Andrew and Sam playing?
7. **What** is Peter making?
8. **Where** are Jack and Jill sitting?

Seite 66

Vorsicht!

No, Granny and Grandpa **aren't** watching TV. **They're** sleeping.
No, the cat **isn't** looking at Floppy. **It's** looking at a bird.
No, Jane **isn't** eating a banana. **She's** eating an apple.
No, Stephen **isn't** sleeping. **He's** playing ping-pong.
No, **I'm not** reading a story. **I'm** doing an exercise.

Seite 67

(1) 1. No, Tim **isn't** taking Stephen's satchel.
He's drawing a picture on the blackboard.
2. No, Jack and Jill **aren't** sitting on their chairs.
They're sitting on the cupboard.
3. No, Mike **isn't** cleaning the blackboard.
He's throwing the duster at Helen.
4. No, Peter **isn't** reading a book.
He's making a paper aeroplane.
5. No, Stephen and John **aren't** cleaning the floor.
They're running through the class.
6. No, Mary **isn't** doing her homework.
She's standing on the teacher's desk.
7. No, Andrew and Sam **aren't** learning English.
They're playing football.
8. No, Nicholas **isn't** helping Anne.
He's cutting Anne's exercise-book.

(2) 9. **I'm not** standing.
10. We **aren't** learning Spanish.
11. It **isn't** raining.
12. You **aren't** writing with my pen.
13. The twins **aren't** running to school.
14. The sun **isn't** shining.
15. We **aren't** watching a football match.
16. The cat **isn't** playing with Floppy.
17. Father **isn't** looking for his pipe.
18. **I'm not** beginning this exercise.

6. *Wiederholung (revision): Kapitel 1 bis 5*

Seite 69

(1) 1. In the first picture **there is** one woman in the car.
In the second picture **there are** two women in the car.
2. In the first picture **there is** one child on the grass.
In the second picture **there are** three children on the grass.
3. In the first picture the man **is sitting** on a horse.
In the second picture he **is sitting** on a bike.
4. In the first picture the children **are playing** football.
In the second picture they **are playing** tennis.
5. In the first picture the old man **is reading** a book.
In the second picture he **is reading** a newspaper.
6. In the first picture the baby **is wearing** a hat.
In the second picture he **is wearing** a cap.

(2) 7. Micky Mouse **isn't** English. **He's** American.
8. Max and Moritz **aren't** American. **They're** German.
9. Asterix **isn't** Austrian. **He's** French.
10. London **isn't** in America. **It's** in England.
11. Frankfurt and Berlin **aren't** in America. **They're** in Germany.
12. Mrs Brown **isn't** learning English. **She's** learning French.
13. Mr Brown **isn't** smoking a cigarette. **He's** smoking a pipe.
14. The cat **isn't** playing with Father's hat. **It's** playing with Mother's shoe.

Seite 70

(1) 1. **an** old man
2. **a** cowboy
3. **a** uniform
4. **an** American film
5. **a** jacket
6. **a** hand
7. **a** German book
8. **an** Austrian friend
9. **an** hour
10. **a** big ice-cream

(2) 11. Aunt Susan is in **the** house.
12. Jane must go to school today.
13. Jenny can play **the** piano.
14. Saturday is a nice day.
15. . . . You must go to bed.
16. The Brown family is at home.
17. In summer it is warm.
18. Where is Granny Brown?
19. Ann must go to **the** doctor.
20. The children are in **the** garden.

(3) 21. fl**ies**
22. **those** house**s**
23. kni**ves**
24. wom**e**n
25. **these** glass**es**
26. orange**s**
27. **those** satchel**s**
28. t**ee**th
29. bab**ies**
30. **these** child**ren**

(4) 31. Where are **they**?
32. This is **her** book.
33. This letter is for **him**.
34. I want to see **it**.
35. This present is for **them**.
36. I can't find **her**.
37. Please help **us**.
38. These are **their** coats.
39. This is **her** bike.
40. Here is a letter for **her**.

Seite 71

(5) 41. There **aren't** many birds in the garden.
42. Jane **can't** speak French.
43. Floppy **isn't** running to Father.
44. **I'm not** sitting on the floor.
45. There **isn't** a glass on the table.

(6) 46. **Is** the sun shining?
47. **Is there** a fly on the window?
48. **Are** Father and Stephen working in the garden?
49. **Are** these flowers for Granny?
50. **Is** it raining at the moment?

Zweiter Orientierungstest: Kapitel 7 und 8

Seite 72

7. Jane is buying sugar at the grocer's.
Father usually comes home at 6 o'clock.
Stephen can't find his book in his desk.

What are Jane and Emma drinking?
Where is Stephen watching TV?
Where are the Browns working?

8. We **learn** English at school.
Stephen **does** his homework at school.
Floppy often **carries** his bone.
Jane **goes** to school by bus.

Does Mother **go** shopping in the morning?
Do the twins **do** their homework after school?
Does John **have** breakfast at 8 o'clock?
Do the twins **go** to bed at 9 o'clock?

Seite 73

Where does Emma **meet** her friends?
When does school **begin**?
What does Stephen **do** at school?
When does Jane **have** supper?

Who does Stephen **see**?
Who buys a newspaper every day?
What do the twins **buy** on Saturday?
When does school **end**?

Father **doesn't leave** the house at 9 o'clock.
Stephen **doesn't drive** a car.
The Browns **don't live** in Birmingham.
I **don't learn** Japanese.

9. Look! Floppy **is running** after the cat!
Father **leaves** the house at 8.30 every day.
The twins **are watching** TV at the moment.
The Browns usually **have** a holiday in summer.

7. *Die Wortstellung (word order)*

Seite 75

(1)

	S	P		O
		av	V	
1.	The boys	are	watching	television.
2.	Stephen	is	helping	Father.
3.	The twins	are	doing	their homework.
4.	Jane	can't	play	the violin.
5.	Emma	must	clean	her shoes.
6.	John	is	riding	his bike.
7.	We	—	like	football.
8.	The twins	—	learn	biology.

(2) 9. Stephen must eat breakfast.
10. The cat catches a mouse.
11. Sam can't find his pen.
12. Granny is making socks.
13. The twins like chocolate.

Seite 77

(1) 1. The twins learn German **at school**.
2. John is standing **on his bed**.
3. The children go **home after school**.
4. I am learning English **now**.
5. Emma and John are helping Mother **in the kitchen**.
6. Jane is buying sugar **at the grocer's**.
7. Stephen can't find his book **in his desk**.
8. Emma and John go **to school at nine o'clock**.
9. We can play **in the garden after lunch**.

(2) 10. I **sometimes** learn English.
11. We **often** play football.
12. They **often** go to London.
13. Mr and Mrs Brown **sometimes** go to Ireland.
14. Granny and Grandpa **never** go to Scotland.
15. Mr and Mrs Smith **usually** watch television.
16. The children **often** ride their bikes.

(3) 17. The twins **sometimes** go **to the grocer's after school**.
18. Jenny and her sister **usually** have lunch **at one o'clock**.
19. The Brown family is sitting **in the garden this afternoon**.
20. Jane **usually** comes home **at five o'clock**.
21. The Browns **often** go **to the country at the weekend**.

Seite 79

(1)

			S			O	Where? When?
				av	V		
1.			The twins	**are**	doing	their homework	in their bedroom.
		Are	the twins	—	doing	their homework	in their bedroom?
	What	**are**	the twins	—	doing	—	in their bedroom?
	Where	**are**	the twins	—	doing	their homework?	—
2.			The Browns	**can**	meet	their friends	this evening.
		Can	the Browns	—	meet	their friends	this evening?
	Who	**can**	the Browns	—	meet	—	this evening?
	When	**can**	the Browns	—	meet	their friends?	—
3.			Granny	**is**	reading	a book	in the sitting-room.
		Is	Granny	—	reading	a book	in the sitting-room?
	What	**is**	Granny	—	reading	—	in the sitting-room?
	Where	**is**	Granny	—	reading	a book?	—
4.			John	**must**	clean	his room	today.
		Must	John	—	clean	his room	today?
	What	**must**	John	—	clean	—	today?
	When	**must**	John	—	clean	his room?	—
5.			They	**can**	play	football	in the garden.
		Can	they	—	play	football	in the garden?
	What	**can**	they	—	play	—	in the garden?
	Where	**can**	they	—	play	football?	—

(2)

			S	P		O	Where? When?
				av	V		
6.			The children	—	go	—	to school every day.
		Do	the children	—	go	—	to school every day?
	Where	**do**	the children	—	go	—	every day?
	When	**do**	the children	—	go	—	to school? —
7.			The Browns	—	live	—	in London.
		Do	the Browns	—	live	—	in London?
	Where	**do**	the Browns	—	live?	—	—
8.			The twins	—	ride	their bikes	at the weekend.
		Do	the twins	—	ride	their bikes	at the weekend?
	What	**do**	the twins	—	ride	—	at the weekend?
	When	**do**	the twins	—	ride	their bikes?	—

8. *Die einfache Gegenwart (the present simple)*

Seite 80

(1) (2) The Browns **live** in London.
I **like** tea.
I **speak** German.
We **eat** at home.
I sometimes **go** to the cinema.
I often **play** with my friends.
We often **drink** milk.
They **swim** in summer.

(3) Then they **play** with a ball.
Then they **climb** up a tree.
Then they **ride** their bikes.
Then they **eat** an ice-cream.

Seite 81

(2)

	progressive	simple
1. The Brown children visit their uncle and aunt every year.	☐	☒
2. Look! Mr Brown is talking to his neighbour, Mr Smith.	☒	☐
3. The twins are sitting in the bus.	☒	☐
4. The twins sometimes go home by bus.	☐	☒
5. Stephen and Jane often play ping-pong.	☐	☒
6. Are Stephen and Jane playing ping-pong now?	☒	☐
7. You learn English at school.	☐	☒
8. Are you learning English now?	☒	☐

Seite 82

(1) The twins **like** sweets.
You **come** from Austria.
I **live** in Austria.

(2) Stephen **catches** the ball.
Emma **crosses** the road.
Stephen **carries** the bag.
The aeroplane **flies** in the air.
John **plays** the trumpet.

Vorsicht!

Stephen **does** his homework after school.
Emma **goes** to her piano lesson on Tuesday.
Floppy **has** one meal every day.
Mother **does** the shopping in the morning.

Seite 83

(3) John get**s** up at seven o'clock. Then he **has** breakfast at half past seven. Then he go**es** to school at half past eight. School begins at nine o'clock. Then he **has** lunch at one o'clock. Then he go**es** home at three o'clock. Then he do**es** his homework at four o'clock. Then he play**s** with his friends at five o'clock. Then he **has** supper at seven o'clock. Then he go**es** to bed at nine o'clock.

Seite 85

(1) 1. So they **run** to the pet-shop.
2. The shopkeeper **goes** to a cage.
3. He **takes** out a rabbit.
4. He **puts** the rabbit on the counter.
5. The rabbit **jumps** in the air.
6. The twins **laugh** because it is so funny.
7. They **pay** £ 5.
8. They **carry** the rabbit back home.
9. Then they **make** a cage for the rabbit.
10. At six o'clock Father **comes** home.
11. He **likes** the rabbit.

Seite 86

	S	P		O	Where? When?
		av	V		
	The twins		learn	German	at school.
Do	the twins		learn	German	at school?
What **do**	the twins		learn		at school?
Where **do**	the twins		learn	German?	
	They		do	their homework	after school.
Do	they		do	their homework	after school?
What **do**	they		do		after school?
When **do**	they		do	their homework?	

Seite 87

(1) 1. **Do** the Brown children **go** to school at 8.30?
2. **Do** the twins **wear** a uniform?
3. **Do** the children **have** toast for breakfast?
4. **Do** the twins **go** to bed at nine o'clock?
5. **Do** Granny and Grandpa **like** London?
6. **Do** the children **do** German at school?
7. **Do** Jane and her friend Mary **play** the piano?
8. **Do** the Browns **go** to the seaside in August?
9. **Do** the twins **do** their homework at home?

(2) 10. When **do** the Brown children **go** to school?
11. What **do** the twins **wear**?
12. What **do** the children **have** for breakfast?
13. When **do** the twins **go** to bed?
14. What **do** Granny and Grandpa like?
15. Where **do** the children **do** German?
16. What **do** Jane and her friend Mary **play**?
17. Where **do** the Browns **go** in August?
18. Where **do** the twins **do** their homework?

Seite 88

Does Emma **brush** her hair?
Does Mr Brown **go** to London?
Does John **do** his homework?
Does Mother **do** the shopping?

Seite 89

(1)
1. **Does** Mr Brown **work** in a bank?
2. **Does** John **get** up at seven o'clock?
3. **Does** Emma **meet** her friends in front of the school?
4. **Does** John **do** biology at school?
5. **Does** school **begin** at nine o'clock?
6. **Does** John **have** lunch at school?
7. **Does** Emma **like** mathematics?
8. **Does** John **play** with his friends in the lunch-break?
9. **Does** he **do** his homework after school?
10. **Does** Stephen **listen** to records in the evening?

(2)

11. Where **does** Mr Brown **work**?
12. When **does** John **get** up?
13. Where **does** Emma **meet** her friends?
14. What **does** John **do** at school?
15. When **does** school **begin**?
16. Where **does** John **have** lunch?
17. What **does** Emma **like**?
18. When **does** John **play** with his friends?
19. What **does** he **do** after school?
20. When **does** Stephen **listen** to records?

Seite 90

	Who	meet**s**	Susan?	Antwort: John (= Subjekt)
Who do**es**	John	meet?		Antwort: Susan (= Objekt)
	What	see**s**	the cat?	Antwort: the bird (= Subjekt)
What do**es**	the bird	see?		Antwort: the cat (= Objekt)

Seite 91

(1)
1. Who **does** Jane **meet**? **(Objekt)**
2. Who meet**s** her friend? **(Subjekt)**
3. Who buy**s** a newspaper? **(Subjekt)**
4. What **does** Father **buy**? **(Objekt)**
5. What **does** the postman **ring**? **(Objekt)**
6. Who loses her books? **(Subjekt)**
7. Who **does** Stephen **see**? **(Objekt)**
8. Who find**s** his watch? **(Subjekt)**

(2)

9. **Where** does Emma put her coat?
10. **What** does John like?
11. **When** does Father watch television?
12. **Who** drinks coffee for breakfast?
13. **When** do the Browns eat supper?
14. **Who** does Mother meet in the street?
15. **Who** lives in Cambridge?
16. **When** does Mother do the shopping?

Seite 92

Stephen **does not** play the piano.
I **do not** understand.
The twins **do not** get up at six o'clock.
The cat **does not** like Floppy.

Mr and Mrs Brown **don't** live in Austria.
John **doesn't** play football every day.
I **don't** go to school on Sunday.
Mother **doesn't** smoke a pipe.
We **don't** understand you.
You **don't** speak Russian.
The neighbour's cat **doesn't** like Floppy.

Seite 93

(1) 1. The sun do**es**n't shine at night.
2. Elephants don't live in trees.
3. My English friend do**es**n't speak German.
4. Birds don't fly in the water.
5. Jane do**es**n't wash her clothes on Saturday.
6. Father do**es**n't work in a garage.
7. Stephen and John don't sleep in the same room.
8. Mother do**es**n't go to work in the evening.

(2) 9. Father smoke**s** a pipe, but he do**es**n't smoke cigarettes.
10. The twins learn biology, but they don't learn chemistry.
11. Jane play**s** the piano, but she do**es**n't play the violin.
12. The twins wear caps, but they don't wear hats.
13. The children ride bikes, but they don't ride horses.
14. Floppy like**s** beer, but he do**es**n't like wine.
15. Granny make**s** pullovers, but she do**es**n't make socks.
16. Emma and John play badminton, but they don't play tennis.
17. John understand**s** German, but he do**es**n't understand Russian.
18. Mother bake**s** cakes, but she do**es**n't bake bread.

Seite 95

(1) 1. I **am doing** an exercise now.
2. We usually **have** an English lesson on Thursday.
3. Mrs Brown often **goes** to the grocer's.
4. Look! Floppy **is running** after the cat!

(2) 5. Mr Brown **does not smoke** cigarettes.
6. The twins **are not riding** their bikes at the moment.
7. Jane **is not cleaning** dishes now.
8. The children **do not go** to school on Sundays.

(3) 9. **Is** Grandpa **sleeping** at the moment?
10. **Are** the twins **walking** home today?
11. **Do** the Smiths **live** next to the Browns?
12. **Does** Grandpa **like** toast for breakfast?

9. *Wiederholung (revision): Kapitel 5 bis 8*

Seite 97

(1)
1. She **is walking** to the traffic lights.
2. She **waits**.
3. She **is waiting**.
4. She **crosses** the road.
5. She **is crossing** the road.
6. She **buys** some bread.
7. She **is buying** some bread.
8. She **gets** a bone for Floppy.
9. She **is getting** a bone for Floppy.
10. She **meets** a friend.
11. She **has** a cup of coffee.
12. She **goes** home.
13. She **is meeting** a friend.
14. She **is having** a cup of coffee.
15. She **is going** home.

Seite 98

(1)
1. The sun is shining **today./Today** the sun is shining.
2. Stephen is playing records **in his room**.
3. Father **often** works **in the garden at the weekend**.
4. The children come back **from school at four o'clock**.
5. A black cat is sitting **in the window**.

(2)
6. The twins **have** supper at seven o'clock.
7. Father **works** in a bank.
8. The Browns **live** in a house in London.
9. The grandparents often **visit** the Browns.
10. Stephen usually **goes** to a football match on Saturday.
11. Emma **does** biology at school.

(3)
12. Emma finish**es** school at four o'clock.
13. Then she usually meet**s** her friends Jenny and Kate.
14. Then she go**es** home through the park.
15. She sometimes buy**s** sweets or a pencil at a shop.
16. Then she arrive**s** home at four o'clock.
17. Then she ha**s** some tea.
18. Then she do**es** her homework.
19. Then she play**s** in the garden with John.

(4)
20. **What** does John like?
21. **Who** likes chocolate?
22. **Where** do the twins wear a uniform? Oder auch: **When** do the twins wear a uniform?
23. **When** does Jane go to her piano lesson?
24. **What** do the twins do after school?
25. **When** does Mother wash the clothes?

Seite 99

(5)
26. Mother **does not/doesn't** do the shopping in the evening.
27. Elephants **do not/don't** live in trees.
28. Stephen and John **do not/don't** go to the same school.
29. Father **does not/doesn't** understand Japanese.
30. Stephen **does not/doesn't** drive a car.

		progressive	simple
(6)	31. The children are playing a game.	☒	☐
	32. Father often smokes a pipe.	☐	☒
	33. Granny and Grandpa live in Cambridge.	☐	☒
	34. We are learning English now.	☒	☐

(7) 35. Floppy **is sleeping** in the sun now.
36. Floppy often **sleeps** in the sun.
37. Hallo John! What **are** you **doing**?
38. Jane **does not/doesn't go** to a piano lesson every day.
39. Please be quiet! The children **are working!**

Dritter Orientierungstest: Kapitel 10 bis 14

Seite 100

10. nice — nice**r** — the nice**st**
thin — thi**nner** — the thi**nnest**
easy — eas**ier** — the eas**iest**
beautiful — **more** beautiful — the **most** beautiful
careful — **more** careful — the **most** careful
good — **better** — the **best**
short — short**er** — the short**est**
much — **more** — the **most**

11. **It'll** be cold tomorrow.
Your friends **will** arrive soon.
They'll go away next week.
Will John go to the doctor tomorrow?
Will you help me with my homework?
It **won't** rain tomorrow.
I **won't** finish my work today.
When **will** Emma come home?

Tomorrow Stephen **is going** to play football.
It **is going** to be fine weather next week.
The Browns **are going** to visit Granny and Grandpa.
What **are** you **going** to do tomorrow?
Is John **going** to go to school?
The man **is going** to fall into the water.
Stephen **is not going** to meet his friends this evening.
It **is not going** to rain today.

Seite 101

12. **Close** the window, please!
Let's begin!

Please **don't go** away!
Come here!

13. Emma **has got** a cold.
The house **has got** four rooms.
Granny and Grandpa **have got** a house in Cambridge.
Has Mr Brown **got** a car?
(Bei den anderen Sätzen kann das Wort „got" nicht verwendet werden!)

14. Are they John's shoes? Yes, they **are**.
Are they Emma's shoes? No, they **aren't**.
Can you help me? No, I **can't**.
Has he got a cold? Yes, he **has**.
Does Stephen live in London? Yes, he **does**.
Does he live in Bonn? No, he **doesn't**.
Is there some milk? Yes, **there is**.
Will he come tomorrow? No, he **won't**.

10. Das Eigenschaftswort (the adjective)

Seite 102

(1) slow — slow**er** — the slow**est**
short — short**er** — the short**est**
old — old**er** — the old**est**
small — small**er** — the small**est**
clean — clean**er** — the clean**est**
long — long**er** — the long**est**

late — late**r** — the late**st**

fat — fa**tter** — the fa**ttest**
hot — ho**tter** — the ho**ttest**

happy — happ**ier** — the happ**iest**
dirty — dirt**ier** — the dirt**iest**
busy — bus**ier** — the bus**iest**

(2) expensive — **more** expensive — the **most** expensive
difficult — **more** difficult — the **most** difficult

Seite 103

(1)
1. Jim is **taller than** Sandy.
2. A sportscar is **faster than** a bus.
3. The blue pencil is **thinner than** the red ball-point.
4. Jane is **busier than** Stephen.
5. This picture is **more beautiful than** that picture.
6. Emma is **more careful than** John.
7. German is **more difficult than** English.
8. Stephen's homework is **worse than** Mary's homework.

(2) 9. A house is **bigger than** a hut, but a palace is **the biggest**.
10. A shirt is **more expensive than** a tie, but a suit is the **most expensive**.
11. A tennis ball is **heavier than** a ping-pong ball, but a football is **the heaviest**.
12. April is **warmer than** March, but July is **the warmest**.
13. Berlin is **larger than** Vienna, but New York is **the largest**.
14. A dog is **stronger than** a mouse, but a horse is **the strongest**.
15. A motorbike is **noisier than** a car, but an aeroplane is **the noisiest**.

11. Die Zukunft (the future)

Seite 104

He **will** give it to you soon.
They **will** meet you next week.
We **shall/will** finish soon.
It **will** rain tomorrow.

She'll come back soon.
I'll see you later.
They'll go away next week.
Hurry! **You'll** miss the bus!

Seite 105

(1) 1. Tomorrow **it will be** 7th February.
2. The day after tomorrow **it will be** 26th October.
3. Tomorrow **it will be** 14th September.
4. On Wednesday **it will be** 19th March.
5. On Sunday **it will be** 28th July.
6. On Thursday **it will be** 3rd January.
7. Tomorrow **it will be** Sunday, 31st August.
8. The day after tomorrow **it will be** Wednesday.

(2) 9. I hope **she'll** catch her bus.
10. I hope **they'll** come next week.
11. I hope **he'll** finish soon.
12. I hope **it'll** be sunny tomorrow.
13. I hope **we'll** pass the test.
14. I hope **you'll** bring your guitar.
15. I hope **I'll** get my pocket money soon.
16. I hope **it'll** be warm in the house.
17. I hope **they'll** like the party.
18. I hope **he'll** sing a song.

Seite 106

	S	P		O	Where? When?
		av	V		
	John	**will**	meet	Emma	at the cinema.
Will	John		meet	Emma	at the cinema?
Where will	John		meet	Emma?	
Who will	John		meet		at the cinema?
	Who	**will**	meet	Emma	at the cinema?

It **won't** rain tomorrow.
They **won't** understand you.
We **shan't/won't** forget.

Seite 107

(1) 1. **When** will it be very cold?
2. **Where** will the Browns go in summer?
3. **Who** will finish her homework soon?
4. **When** will we get a new teacher?
5. **What** will leave at six o'clock?
6. **When** will I finish this exercise?
7. **Who** will Aunt Margaret ring up at nine o'clock?
8. **Where** will Stephen be at seven o'clock?

(2) 9. Jane usually has a piano lesson on Monday, but next Monday she **won't** have a piano lesson. **She'll** be at the seaside.
10. The Browns often go to the country at the weekend, but next weekend they **won't** go to the country. **They'll** stay in London.
11. I usually do my homework at home, but tomorrow I **shan't/won't** do my homework at home. **I'll** do it at my friend's house.
12. The Browns usually have a holiday in Spain, but this summer they **won't** have a holiday in Spain. **They'll** go to Greece.
13. Stephen usually plays football on Saturday afternoon, but next Saturday he **won't** play football. **He'll** go to the cinema.

Seite 108

I **am going to** have lunch.
We **are going to** watch TV.
She **is going to** read a book.

I **am going to** play in the garden.
He **is going to** learn English.
We **are going to** go to the cinema.
They **are going to** fly to Spain.

Vorsicht!

She's going to go to Austria next year.
We're going to have a party soon.

Is she **going to** go to Austria soon?
Are we **going to** have a party soon?

No, **she isn't going to** go to Austria next year.
No, **we aren't going to** have a party soon.

Seite 109

(1) 1. The girl **is going to eat** an ice-cream.
2. The dog **is going to come** out of the water.
3. The boy **is going to hit** the ball.
4. It **is going to rain**.
5. Two men **are going to get** into the bus.
6. The girl **is going to** post the letter.
7. Two women **are going to cross** the road.
8. The man **is going to telephone**.

(2) 9. **When** is Jane going to see the dentist?
10. **Where** are Mr and Mrs Brown going to go on Tuesday?
11. **Who** are going to have a party on Wednesday?/**Who** is going to have a party on Wednesday?
12. **What** is Stephen going to see on Thursday?
13. **Who** is Mrs Brown going to visit in Southend on Friday?
14. **What** are the Browns going to buy on Saturday?

12. Die Befehlsform (the imperative)

Seite 110

(1) **Close** the door! | **Don't close** the door!
Wait! | **Don't wait!**

(2) **Let's go!**
Let's run!
Let's walk!
Let's go by bus!
Let's see!
Let's have a look!

Seite 111

(1) **Fill** the kettle with water. Then **boil** the water. Then **warm** the teapot. Then **put** in the tea. Then **fill** the teapot with water. Then **leave** it for a short time. Then **pour** the tea into a cup. Then **add** milk and sugar.

(2) 9. **Don't play** football in class!
12. **Don't make** a mess!
13. **Don't stand** on the desks!
14. **Don't draw** pictures in the register!
15. **Don't make** a lot of noise!

13. have — have got

Seite 112

I **have got** a bike.
We **have got** a nice teacher.
Mrs Smith **has got** a cat.
The twins **have got** a rabbit.
Father **has got** many pipes.

He **has** breakfast at eight o'clock.
She **doesn't have** a bath in the morning.
Does he **have** a holiday in August?
Do you **have** lunch at 12 o'clock?

Seite 113

(1) 1. The twins have **got** a Rolls Royce.
Have the twins **got** a Rolls Royce?
No, they haven't **got** a Rolls Royce.
They have **got** bikes.

2. I have **got** a Russian exercise-book.
Have I **got** a Russian exercise-book?
No, I haven't **got** a Russian exercise-book.
I have **got** an English exercise-book.

3. The Browns have **got** a flat.
Have the Browns **got** a flat?
No, they haven't **got** a flat.
They have **got** a house.

4. John has **got** a guinea-pig.
Has John **got** a guinea-pig?
No, he hasn't **got** a guinea-pig.
He has **got** a dog.

(2) 5. **Does** Father **have** lunch at home?
No, he **doesn't have** lunch at home.
6. **Do** the twins **have** coffee for breakfast?
No, they **don't have** coffee for breakfast.
7. **Does** Floppy **have** a meal in the morning?
No, he **doesn't have** a meal in the morning.
8. **Do** Stephen and Jane **have** dinner at five o'clock?
No, they **don't have** dinner at five o'clock.

(3) 9. Have the twins **got** yellow pullovers?
No, they haven't **got** yellow pullovers.
10. Do the twins have lunch at home?
No, they don't have lunch at home.
11. Does Floppy have a bath every day?
No, he doesn't have a bath every day.
12. Has Floppy **got** a rubber mouse?
No, he hasn't **got** a rubber mouse.
13. Does Stephen have sandwiches for breakfast?
No, he doesn't have sandwiches for breakfast.
14. Has Stephen **got** a motorbike?
No, he hasn't **got** a motorbike.

14. Kurzantworten (short answers)

Seite 115

1. Is it an English book? Yes, it **is**.
2. Is it a Russian book? No, it **isn't**.
3. Are there twenty questions in this exercise? Yes, **there are**.
4. Are there twenty-five questions in this exercise? No, **there aren't**.
5. Are you doing an English exercise? Yes, I **am**.
6. Are you playing a game? No, **I'm not**.
7. Does Mr Brown work in a bank? Yes, he **does**.
8. Does he work in a shop? No, he **doesn't**.
9. Do the twins wear jeans at school? No, they **don't**.
10. Do they wear uniforms at school? Yes, they **do**.
11. Have the neighbours got a rabbit? No, they **haven't**.
12. Have they got a cat? Yes, they **have**.
13. Will you finish this exercise? Yes, I **will**.
14. Will you stop now? No, I **won't**.
15. Do you live in England? No, I **don't**.
16. Do you live in Europe? Yes, I **do**.
17. Can you speak German? Yes, I **can**.
18. Can you speak Chinese? No, I **can't**.
19. Has Stephen got a racing-bike? Yes, he **has**.
20. Has he got a motorbike? No, he **hasn't**.

15. *Wiederholung (revision): Kapitel 10 bis 14*

Seite 116

(1) 1. Jane is **more careful than** Stephen.
2. John's homework is **worse than** Mary's homework.
3. New York is **bigger than** Vienna.
4. A motorbike is **noisier than** a car.
5. Mathematics is **more difficult than** biology.

(2) 6. I hope **he'll come** next weekend.
7. The Browns are not at home but **they'll be** back soon.
8. **Will** Emma **see** her friends this afternoon?
9. When **will** you **finish** this exercise?
10. Mr Brown is ill. He **won't go** to his bank tomorrow.
11. Today it is 6th March. Tomorrow **it'll be** 7th March.
12. Hurry! **You'll miss** your bus!

(3) 13. **I'm going to** meet my friends this afternoon.
14. The Browns **are going to** drive to the country at the weekend.
15. **Are** you **going to** go to England this summer?
16. **Is** Emma **going to** have lunch soon?
17. **Is** Mother **going to** phone Mrs Jenkins?
18. It **isn't going to** rain tomorrow.
19. **They aren't going** to get wet.
20. When **are** the children **going to** have supper?

(4) 21. **Open** your books!
22. **Let's have** a look at that!
23. **Let's hurry**!
24. Please **wait** for me!
25. Please **don't shout**!

Seite 117

(5) 26. I **have** breakfast at home.
27. **Do** you **have** breakfast at home, too?
28. No, I **don't have** breakfast at home.
29. I **have got** a very nice English book.
30. **Have** you **got** a nice English book, too?
31. No, I **haven't got** a nice English book.
32. Stephen **has got** a racing-bike.
33. **Has** John **got** a racing-bike, too?
34. No, he **hasn't got** a racing-bike.
35. **Does** Emma **have** lunch at home or at school?
36. She usually **has** lunch at school.

(6) 37. Is Floppy in the garden? No, he **isn't**.
38. Can you play the horn? No, I **can't**.
39. Does Uncle Fred live in the country? Yes, he **does**.
40. Has Emma got a cold? No, she **hasn't**.
41. Will Stephen be late? No, he **won't**.

42. Are you learning English? Yes, I **am**.
43. Are there many boys? Yes, **there are**.
44. Is this the end? Yes, it **is**.

16. Die einfache Mitvergangenheit (the past simple)

Seite 118

Sandy, you **were** late yesterday.
It **was** cold last Monday.
The Browns **were** in Cambridge last weekend.
We **were** at school yesterday.
She **was** at the doctor's yesterday afternoon.
He **was** at home yesterday morning.

Was it sunny yesterday?
Were you at home last night?
Was I late last Sunday?

The twins **were not/weren't** in Austria last year.
I **was not/wasn't** in London yesterday.
She **was not/wasn't** at the dentist's yesterday.

Seite 119

(1)
1. Yesterday morning Stephen **was** at the grocer's.
2. Yesterday afternoon Father **was** at work.
3. Yesterday morning Granny **was** in the library.
4. Yesterday evening the twins **were** at home.
5. Yesterday afternoon Jane **was** at her piano lesson.
6. Yesterday evening Mr and Mrs Brown **were** at a friend's house.
7. Yesterday afternoon Stephen and his friends **were** at a football match.
8. Yesterday afternoon Grandpa **was** at the cinema.

(2)
9. He **was** at the cinema.
10. They **were** in Spain.
11. They **were** at school.
12. He **was** in the garden.
13. He **was** at a friend's party.
14. They **were** in Birmingham.
15. She **was** at the seaside.
16. She **was** in the library.
17. They **were** at the post office.

Seite 120

stay — stay**ed**

drop — dro**pped**

hope — hope**d**

try — tr**ied**

Seite 121

(1) 1. Father bake**d** a cake yesterday.
2. The twins laugh**ed** yesterday.
3. Father finish**ed** work at five o'clock yesterday.
4. The twins tid**ied** up their room at the weekend.
5. Stephen practise**d** the guitar yesterday evening.
6. Father work**ed** in the garden at the weekend.
7. School start**ed** at 9 o'clock yesterday.
8. The Browns invite**d** some friends yesterday evening.
9. Mother wash**ed** the clothes last Monday.
10. John repair**ed** his bike yesterday afternoon.
11. Granny and Grandpa visit**ed** the Browns last week.
12. The children watch**ed** TV yesterday evening.
13. Mother listen**ed** to the radio yesterday afternoon.
14. Our teacher dro**pped** the chalk last Thursday.
15. Father miss**ed** his bus yesterday evening.

(2) 16. play**ed**
17. work**ed**
18. learn**ed**
19. practise**d**
20. watch**ed**
21. paint**ed** ['peintid]
22. help**ed**
23. wash**ed**
24. prepare**d**
25. sto**pped**

Seite 123

(1) 1. The Browns **got** up at seven o'clock yesterday.
2. School **began** at nine o'clock yesterday.
3. Stephen **went** to a football match last Sunday.
4. Mother **bought** fish and chips for the family last Thursday.
5. Granny **gave** the twins some sweets last week.
6. Floppy **ran** after the neighbour's cat yesterday afternoon.
7. Father **came** home late last night.
8. The twins **had** lunch at school yesterday.
9. Grandpa **did** the shopping yesterday morning.
10. John **forgot** his pen last Tuesday.
11. The Browns **drove** to the country last Sunday.
12. Emma **took** the wrong books to school yesterday.
13. Granny **lost** her wool yesterday.
14. Mother **met** her friend Mrs Jenkins last Wednesday.
15. The twins **did** their homework after school yesterday.

(2) 16. **got** up
17. **had** breakfast
18. **went**
19. **met**
20. **bought**
21. **wrote**
22. **ate** [et]
23. **drank**
24. **came**
25. **read** [red]

Seite 124

	S	P		O
		av	V	
	Sally		made	a mistake.
Did	Sally		make	a mistake?
	Sally	**didn't**	make	a mistake.
	John		did	his homework.
Did	John		do	his homework?
	John	**didn't**	do	his homework.

Seite 125

1. **Did** people **ride** motorbikes? No, they **didn't ride** motorbikes.
2. **Did** people **use** pistols? No, they **didn't use** pistols.
3. **Did** people **watch** television? No, they **didn't watch** television.
4. **Did** people **drink** coke? No, they **didn't drink** coke.
5. **Did** people **use** telephones? No, they **didn't use** telephones.
6. **Did** people **play** ping-pong? No, they **didn't play** ping-pong.
7. **Did** people **wear** jeans? No, they **didn't wear** jeans.
8. **Did** people **read** newspapers? No, they **didn't read** newspapers.
9. **Did** people **have** posters? No, they **didn't have** posters.
10. **Did** people **wear** watches? No, they **didn't wear** watches.
11. **Did** people **have** traffic lights? No, they **didn't have** traffic lights.

17. Schlußtest

Seite 126

(1) 1. **these** house**s**
2. shel**ves**
3. **those** glass**es**
4. bo**ys**
5. bus**es**
6. stor**ies**
7. **those** wom**e**n ['wimin]
8. bab**ies**
9. sandwich**es**
10. **these** child**ren**
11. tabl**es**
12. t**ee**th

(2) 13. Father **often** smokes a pipe **in the evening./In the evening** Father **often** smokes a pipe.
14. Stephen **usually** arrives home **at five o'clock**.
15. The children are playing **in the garden at the moment**.
16. Floppy is playing with a ball **in the garden**.
17. Jane practises the piano **every evening**.

(3) 18. Look! Floppy **is running** after the cat!
19. John sometimes **cleans** his shoes.
20. Mrs Brown **takes** Floppy for a walk every day.
21. I **am doing** a test at the moment.
22. Granny and Grandpa often **come** to London.

(4) 23. A palace is bi**gger than** a house.
24. A car is **more** expensive **than** a bicycle.
25. A football is heav**ier than** a ping-pong ball.
26. Mary is **better than** Emma.

(5) 27. Mrs Brown always **goes** shopping in the morning.
28. Tomorrow John **is going to** see the dentist.
29. I finish**ed** my homework early yesterday.
30. The Browns **are going to** visit Uncle Fred and Aunt Margaret next month.
31. I hope it **will be** nice weather tomorrow.
32. Last night the children **saw** a good film.
33. Father **came** home at eight o'clock last Monday.
34. He usually **comes** home at six o'clock.

Seite 127

(6) 35. **What** is there on the table?
36. **When** does Mother do the shopping?
37. **Who** sometimes watches TV in the evening?
38. **Where** did the twins go last Monday?
39. **Who** did Mother telephone yesterday?

(7) 40. Stephen **isn't/is not** playing football with the twins.
41. The twins **don't/do not** have lunch at home every day.
42. Father **didn't/did not** miss the bus yesterday.
43. Emma **doesn't/does not** go to school at ten o'clock.
44. It **won't/will not** rain tomorrow.

(8) 45. Can John play the piano? No, he **can't**.
46. Does Mother speak Russian? No, she **doesn't**.
47. Are there some glasses on the table? Yes, **there are**.
48. Is this the end of the test? Yes, **it is**.

3. Teil: Hör- und Sprechübungen

Anleitung

Die Kassette beinhaltet eine Hör- und Sprechübung zu jedem Kapitel deines „Englisch positiv!“ für die 1. Klasse. Ausgenommen sind die Kapitel 6 und 15.
Die Übungen sind, mit Ausnahme der ersten, in drei Stufen gegliedert:

Die **Stufe A** dient dazu, das **Hören** zu üben.
Diese Stufe solltest du **ohne Benützung des geschriebenen Textes** sooft wie möglich durchspielen, bis du sie ganz verstanden hast. Nochmals bitte: Benütze dabei nicht den Begleittext hier im Lösungsheft, denn diese Übungen sollen das Hören und nicht das Mitlesen schulen!

Die **Stufe B** dient dazu, die **Aussprache** und **Betonung** zu üben.
Das Stück, das du in Stufe A gehört hast, wird jetzt Satz für Satz wiederholt. Zwischen den Sätzen gibt es eine kurze, aber dennoch ausreichend lange **Pause**, in der du den jeweiligen **Satz wiederholen** sollst. Bei längeren Sätzen kommt die Pause oft innerhalb des Satzes, um dir das Nachsprechen zu erleichtern. Bitte sprich deutlich und ohne Hast. Achte dabei sehr genau auf die Aussprache und die richtige Betonung!

Die **Stufe C** dient dazu, **Gehörtes richtig beantworten** zu können.
Hier werden mehrere **Fragen** über das soeben gehörte Stück gestellt. Auf jede Frage folgt eine **Pause**, in der du die Frage beantworten sollst. Dann folgt die richtige Lösung und darauf wieder eine **Pause**, in der du die **richtige Antwort** wiederholst. Besonders beim zweiten Mal achte sehr auf Aussprache und Betonung!

Halte dich bitte eisern an folgende Regeln:
1. Übe jede Stufe so perfekt wie möglich, bevor du zur nächsten Stufe weitergehst!
2. Zieh den Begleittext hier im Lösungsheft nur im Notfall heran!

Jetzt wünschen wir dir viel Erfolg!

1. Der Artikel (the article)

Der unbestimmte Artikel

Stufe A: Schau dir die Bilder auf Seite 130 an, und hör jetzt gut zu!

a man
an apple
a shoe
an old shoe
an umbrella
a blue umbrella

an orange
an aeroplane
a horse (Pferd)
an hour
a girl
an Austrian girl

a book
an exercise-book
an ice-cream
a uniform

Stufe B: Sprich jetzt genau nach!

Der bestimmte Artikel

Stufe A: Schau dir die Bilder auf Seite 130 an, und hör jetzt gut zu!

the ice-cream
the ball
the orange
the English teacher
the pencil
the old hat

the house
the hour
the aeroplane
the American president
the car
the English car

the apple
the big apple
the boy
the Austrian boy

Stufe B: Sprich jetzt genau nach!

2. *Das Hauptwort (the noun)*

Stufe A: Schau dir die Bilder auf Seite 130 an, und hör jetzt gut zu!

In the twins' bedroom there are two beds.
On Emma's bed there is a satchel.
In the satchel there are two English books, four exercise-books, six pencils, two oranges, and three sandwiches.
By John's bed there is a picture of a bus.
In the bus there are five men, four women, and six children.

Stufe B: Sprich jetzt genau nach!

Stufe C: Beantworte jetzt folgende Fragen!

Is there one bed in the twins' room? (No, there are two beds.)
Is there one English book in Emma's satchel? (No, there are two English books.)
Is there one pencil in her satchel? (No, there are six pencils.)
Is there one orange in her satchel? (No, there are two oranges.)
Is there one sandwich in her satchel? (No, there are three sandwiches.)
Is there one man in the bus? (No, there are five men.)
Is there one woman in the bus? (No, there are four women.)
Is there one child in the bus? (No, there are six children.)

3. *Das Fürwort (the pronoun)*

Stufe A: Schau dir die Bilder auf Seite 131 an, und hör jetzt gut zu!

It is Monday.
Mother is in the kitchen.

She is taking the clothes out of the washing machine.
This is Stephen's shirt.
This is his handkerchief.
This is Jane's blouse.
That is her scarf.
These are the twins' pyjamas.
Those are their socks.
But what is that?
That is Floppy's old slipper.

Stufe B: Sprich jetzt genau nach!

Stufe C: Beantworte jetzt die folgenden Fragen, und vergiß nicht, die richtige Antwort zu wiederholen!

What day is it? (It's Monday.)
Where is Mother? (She is in the kitchen.)
What is she doing? (She is taking the clothes out of the washing machine.)
Is that Stephen's shirt? (Yes, it is his shirt.)
Whose blouse is it? Is it Jane's? (Yes, it is her blouse.)
Whose pyjamas are these? (They're the twins' pyjamas.)
Is it Floppy's old slipper? (Yes, it is his old slipper.)

4. Hilfszeitwörter (auxiliary verbs)

Stufe A: Schau dir die Bilder auf Seite 131 an, und hör jetzt gut zu!

Mother is in the sitting-room.
Jane is in the sitting-room, too (auch).
The twins aren't in the sitting-room.
They are in the garden.
They can play football there.
Floppy is in the garden, too.
He's the twins' dog.
Father is in the kitchen.
He can't find his slipper.
Where is it?
It's in the garden with Floppy.

Stufe B: Sprich jetzt genau nach!

Stufe C: Beantworte jetzt die folgenden Fragen. Wiederholen nicht vergessen!

Where is Mother? (She's in the sitting-room.)
Where is Jane? (She's in the sitting-room, too.)
Are the twins in the sitting-room or are they in the garden? (They're in the garden.)
What can they play in the garden? (They can play football.)
Where is Floppy? (He's in the garden, too.)
Who is Floppy? (He's the twins' dog.)
Where is Father? (He's in the kitchen.)

What can't he find? (He can't find his slipper.)
Where is it? (It's in the garden with Floppy.)

5. Die Verlaufsform der Gegenwart (the present progressive)

Stufe A: Schau dir die Bilder auf Seite 132 an, und hör jetzt gut zu!

It is six o'clock in the evening.
Mr and Mrs Brown and the children are all at home.
What are they doing?
The twins are playing a game (Spiel).
Jane is doing her homework.
Stephen is cleaning his bike.
Mrs Brown is making supper (Nachtmahl).
Mr Brown is writing a letter (Brief).
And what is Floppy doing?
He's waiting for his supper.
He's hungry.

Stufe B: Sprich jetzt genau nach!

Stufe C: Beantworte jetzt die folgenden Fragen!

What is the time? (It is six o'clock in the evening.)
Is Mr Brown at home? (Yes, he is.)
Are all the children at home? (Yes, they are.)
What are the twins doing? (They are playing a game.)
What is Jane doing? (She is doing her homework.)
What is Stephen doing? (He is cleaning his bike.)
Is Mother making supper or is she making lunch? (She is making supper.)
What is Mr Brown doing? (He is writing a letter.)
And what is Floppy doing? (He is waiting for his supper.)

7. Die Wortstellung (word order)

Stufe A: Schau dir die Bilder auf Seite 132 an, und hör jetzt gut zu!

The twins can't find Floppy.
He isn't lying in his basket (Korb).
They can't find him in the house.
Perhaps (vielleicht) he is in the garden.
They go into the garden.
They look for him everywhere (überall), but they still can't find him.
Then they hear a loud noise in the sitting-room.
They run into the house.
Now they can see Floppy.

He's lying under the sofa.
He's eating a big bone.
On the ground there is a broken vase.
Bad Floppy!

Stufe B: Sprich jetzt genau nach!

Stufe C: Beantworte jetzt folgende Fragen und wiederhole die Antwort!

Is Floppy lying in his basket? (No, he isn't lying in his basket.)
Can the twins find him in the house? (No, they can't find him in the house.)
Do they go into the sitting-room or into the garden? (They go into the garden.)
Is Floppy in the garden? (No, he isn't in the garden.)
Where do they hear a loud noise? (They hear a loud noise in the sitting-room.)
Do they run into the sitting-room or into their bedroom? (They run into the sitting-room.)
Where is Floppy lying? (He's lying under the sofa.)
What is he doing? (He's eating a big bone.)
What is there on the ground? (There's a broken vase on the ground.)

8. Die einfache Gegenwart (the present simple)

Stufe A: Schau dir die Bilder auf Seite 133 an, und hör jetzt gut zu!

The twins always go to school at half past eight.
School begins at nine o'clock.
They have a lunch break (Pause) at a quarter to one.
In the afternoon school ends at half past three.
Then they walk back home.

Their father goes to work at eight o'clock.
He walks to the bus-stop and catches the nineteen bus.
He has lunch at a quarter past one.
He finishes work at five o'clock.
He arrives back home at a quarter to six.

Stufe B: Sprich jetzt genau nach!

Stufe C: Beantworte jetzt folgende Fragen!

When do the twins always go to school? (They always go to school at half past eight.)
When does school begin? (It begins at nine o'clock.)
Do they have a lunch break at eleven o'clock? (No, they don't have a lunch break at eleven o'clock.)
When do they have a lunch break? (They have a lunch break at a quarter to one.)
When does school end in the afternoon? (It ends at half past three.)
Where do they go after school? (They go back home.)

Does their father go to work at eight o'clock or at half past eight? (He goes to work at eight o'clock.)
Does he catch the nine**teen** bus or the ninety bus? (He catches the nine**teen** bus.)

Does he have lunch at a quarter past twelve? (No, he doesn't have lunch at a quarter past twelve.)
When does he have lunch then? (He has lunch at a quarter past one.)
When does he arrive back home? (He arrives back home at a quarter to six.)

9. Wiederholung (revision)

Stufe A: Hör jetzt gut zu!

It is Monday, 4th April.
There is a holiday today because it is Easter Monday.
On Monday Mr Brown always goes to work, but today he is working in the garden.
On Monday morning Mrs Brown usually does the washing, but this morning she is playing with the twins.
On Monday afternoon Jane always has a piano lesson, but this afternoon she is playing tennis with her friends.
Floppy doesn't like Mondays.
Usually everybody is very busy (beschäftigt), but today he is having a good time with the twins.

Stufe B: Sprich jetzt genau nach!

Stufe C: Beantworte jetzt folgende Fragen!

What is the date today? (It is Monday, 4th April.)
Why is there a holiday today? (Because it is Easter Monday.)
Where does Mr Brown always go on Monday? (He always goes to work.)
What is he doing today? (He's working in the garden.)
What does Mrs Brown usually do on Monday? (She usually does the washing.)
What is she doing today? (She is playing with the twins.)
Does Jane always play tennis with her friends on Monday? (No, she doesn't always play tennis with her friends on Monday.)
What does she always do on Monday? (She always has a piano lesson.)
Why doesn't Floppy like Mondays? (Because usually everybody is very busy.)
Why does he like this Monday? (Because he's having a good time with the twins.)

10. Das Eigenschaftswort (the adjective)

Stufe A: Schau dir die Bilder auf Seite 134 an, und hör jetzt gut zu!

The children are playing with their pets.
"My rabbit is the softest", Lucy says.
"She's softer than wool."
"My guinea-pig is the funniest", Jimmy says.
"But my parrot is funnier than your guinea-pig", Oliver says.
"He can say 'Silly Billy'!"
"My cat is the most beautiful", Mary says.

"And my mouse is the smallest", Jenny says.
"She can hide in my pocket!"
"And Floppy is the fastest", John says.
"But which pet is the best?" Mother asks.
"Mine!" they all say together.

Stufe B: Sprich jetzt genau nach!

Stufe C: Und jetzt beantworte wieder folgende Fragen!

What are the children doing? (They are playing with their pets.)
Which pet is softer than wool? (Lucy's rabbit is softer than wool.)
Which pet is the smallest? (Jenny's mouse is the smallest.)
Where can Jenny's mouse hide? (She can hide in Jenny's pocket.)
Which pet is the most beautiful? (Mary's cat is the most beautiful.)
And which pet is the fastest? (Floppy is the fastest.)
Why is Oliver's parrot funnier than Jimmy's guinea-pig? (Because he can say "Silly Billy!".)
What does Mother ask the children? (Which pet is the best?)

11. Die Zukunft (the future)

Stufe A: Schau dir die Bilder auf Seite 134 an, und hör jetzt gut zu!

The Browns are going to stay at the seaside at the weekend.
They are going to visit some old friends.
They're going to go by car.
"I'll make a nice picnic for us all", Mother says.
"I'll take my football", Stephen says.
"And I'll take the rubber boat", Jane says.
"And we'll take our swimming things", the twins say.
"And I'll take Jane's big blue hat", Floppy thinks.
"Now, wait a minute, children", Father says.
"We can't take so much".
"There won't be enough room for the family!"

Stufe B: Sprich jetzt genau nach!

Stufe C: Beantworte jetzt folgende Fragen!

Are the Browns going to stay at the seaside or in the country? (They're going to stay at the seaside.)
Who are they going to visit? (They're going to visit some old friends.)
How are they going to get to the seaside? (They're going to go by car.)
What will Mother make for the family? (She'll make a nice picnic.)
What will the twins take? (They'll take their swimming things.)
What will Stephen take? (He'll take his football.)
And what is Floppy going to do? (He's going to take Jane's big blue hat.)
Why can't they take so much? (Because there won't be enough room for the family.)

12. *Die Befehlsform (the imperative)*

Stufe A: Schau dir die Bilder auf Seite 135 an, und hör jetzt gut zu!

"Let's play letter Bingo", Mother says on a rainy day.
"How do you play that?" Emma asks.
"Take a piece of paper", Mother says.
"Write down six letters from the alphabet."
"Then close your eyes and take a letter out of this box."
"Then open your eyes and call out the letter."
"If you have got the letter on your piece of paper, cross it off."
"The first person to cross off all six letters says 'Bingo!'. He wins the game."
"Good", Emma says, "let's begin".
Floppy wants to play, too.
He takes the box with the letters.
"No, Floppy!" John shouts. "Don't do that!"
"Oh dear! Don't do this, don't do that!" Floppy thinks.

Stufe B: Sprich jetzt genau nach!

Stufe C: Beantworte jetzt die folgenden Fragen!

What are they going to play? (They are going to play letter Bingo.)
Can Emma play letter Bingo? (No, she can't play letter Bingo.)
What do you do first? (You take a piece of paper.)
What do you do then? (You write down six letters from the alphabet.)
What must you do when you take a letter from the box? (You must close your eyes.)
What do you do when you open your eyes? (You call out the letter.)
Who wins the game? (The first person to cross off all six letters.)
What does he say? (He says "Bingo!")
What does Floppy do? (He takes the box with the letters.)
What does John shout? (Don't do that!)

13. *Wann verwendet man „have" und wann „have got"?*

Stufe A: Schau dir die Bilder auf Seite 135 an, und hör jetzt gut zu!

On Sundays the Brown family usually has breakfast at nine o'clock.
First they have cornflakes or bacon-and-eggs.
Then they have toast and marmalade.
Mother usually has coffee, but Father always has tea.
The children have cocoa or tea.
But this Sunday the children don't have breakfast.
They're all ill.
Jane has got a terrible headache.
The twins have got flu (Grippe).
Stephen has got a temperature (Fieber).
And Floppy has also got something.

Poor Mother hasn't got time for breakfast.
She must look after (sich kümmern um) the children.

Stufe B: Sprich jetzt genau nach!

Stufe C: Beantworte jetzt folgende Fragen!

When do the Browns have breakfast on Sundays? (They have breakfast at nine o'clock.)
What do they have first? (They have cornflakes or bacon-and-eggs.)
Does Mother usually have coffee or tea? (She usually has coffee.)
Why don't the children have breakfast this Sunday? (Because they're all ill.)
How is Floppy today? (He has also got something.)
What have the twins got? (They have got flu.)
Has Jane got a temperature or a terrible headache? (She has got a terrible headache.)
Has Mother got time for breakfast? (No, she hasn't got time for breakfast.)
What must she do? (She must look after the children.)

14. Kurzantworten (short answers)

Stufe A: Schau dir die Bilder auf Seite 136 an, und hör jetzt gut zu!

It's sunny weather and there are no clouds in the sky.
Jane and the twins are walking in the park with Floppy.
Suddenly Jane sees a cat in the grass.
"Look! There's a cat over there!" she shouts.
The twins can't see the cat, but Floppy can.
It has got a black head and a grey body.
"It's the neighbours' cat", Jane says.
Then Floppy runs after the cat.
"Oh dear", Emma says, "now Floppy won't come back".
So they go back home without Floppy.

Stufe B: Sprich jetzt genau nach!

Stufe C: Gib jetzt kurze Antworten auf folgende Fragen. Wiederhole nach wie vor die richtige Antwort!

Is it raining? (No, it isn't.)
Is it sunny weather? (Yes, it is.)
Are there clouds in the sky? (No, there aren't.)
Are Jane and the twins walking in the park? (Yes, they are.)
Does Jane see a parrot in a tree? (No, she doesn't.)
Does she see a cat in the grass? (Yes, she does.)
Can the twins see the cat? (No, they can't.)
Can Floppy see it? (Yes, he can.)
Has the cat got a black head? (Yes, it has.)
Has it got a black body? (No, it hasn't.)

Does Floppy stay with the children? (No, he doesn't.)
Will he come back? (No, he won't.)
Do they go home with Floppy? (No, they don't.)
Do they go back home without him? (Yes, they do.)

16. Die einfache Mitvergangenheit (the past simple)

Stufe A: Schau dir die Bilder auf Seite 136 an, und hör jetzt gut zu!

Yesterday morning Mother went to the dentist's, and Floppy stayed at home alone.
"Goodbye, Floppy", Mother said. "Be a good boy!"
Then she put on her coat and closed the door.
Floppy went to the window and watched Mrs Brown in the street.
"I can lie down on the sofa now", he thought. "That's nice."
Suddenly he saw a mouse in the corner of the room.
For a second Floppy stood still and watched it.
Then he jumped.
Poor Floppy! He missed the mouse, but he didn't miss the beautiful vase on the table behind the mouse.
It fell on the floor and broke.
"Oh dear", he thought. "That's my second vase this year!"

Stufe B: Sprich jetzt genau nach!

Stufe C: Beantworte jetzt folgende Fragen. Verwende kurze Antworten, wo das möglich ist!

Did Mrs Brown go to the doctor's yesterday morning? (No, she didn't.)
Where did she go? (She went to the dentist's.)
What did she put on? (She put on her coat.)
Was Floppy alone in the house? (Yes, he was.)
What did he see in the corner of the room? (He saw a mouse.)
First he watched the mouse. What did he do then? (He jumped.)
Did he catch the mouse or did he miss it? (He missed it.)
Where was the vase? (It was on the table behind the mouse.)
Was it Floppy's first vase or his second vase? (It was his second vase.)

Arnout de Waal — Hanna Karollus

Englisch positiv!

1. Klasse

ÖBV

Österreichischer Bundesverlag, Wien

Zu diesem Buch ist eine Tonkassette mit Hör- und Sprechübungen erschienen.
Sie ist entweder über den Buchhandel zu beziehen oder direkt beim Österreichischen Bundesverlag, Industriezentrum NÖ-Süd, Straße 1, Objekt 34, 2351 Wr. Neudorf, Tel. 02236/63 5 35-244—247 DW

Bestellnummer: **49406**

Herausgeber: Mag. DDr. Franz Sedlak

Zeichnungen und Umschlaggestaltung: Klaus Pitter

6. Auflage, Wien 1987

Satz: Garmond Helvetica leicht
Papier: holzfrei Offset, 100 g
Druck: GISTELDRUCK, 1031 Wien, Münzgasse 6
ISBN 3-215-**04695**-4

Inhalt

Liebe Eltern!

Noch ein Lehrbuch?
Keine Angst! „Englisch positiv!" bringt keinen zusätzlichen Lernstoff, sondern will Ihrem Kind helfen, die Anforderungen der Schule besser zu meistern.
Durch den geschickten, didaktisch überlegten Aufbau lassen sich die Übungen in diesem Buch vielfach einsetzen:

vor Schularbeiten
vor Prüfungen
vor Wiederholungs- oder Nachtragsprüfungen
nach krankheitsbedingten Unterbrechungen
zum Auffüllen von Stofflücken

Das beigelegte Lösungsheft macht die Leistungskontrolle leicht, ob Ihr Kind nun allein oder mit Ihrer Hilfe das Buch durcharbeitet.
Eine Bitte: Dieses Buch kann nur dann Lernlust und Lerngewinn bewirken, wenn die Aufgaben als spannende und hilfreiche Anregungen aufgefaßt und nicht als lästige Pflichtübungen erzwungen werden! Belohnen Sie auch ab und zu die zusätzliche Arbeit Ihres Kindes. Denn gerade wenn man das Lernen ernst nimmt, muß man es mit guter Laune und positivem Denken koppeln.
Viel Vergnügen und Erfolg mit „Englisch positiv!" wünscht

Ihr
Franz Sedlak

Machst du mit?

Macht dir Englisch Schwierigkeiten?
Bist du froh, wenn du nach den Aufgaben alle Schulbücher weglegen kannst?
Dann ist dieses Buch das Richtige für dich, denn es hilft dir auf unterhaltsame Weise!
Wenn du mit diesem Buch zwei- oder dreimal pro Woche übst, wird es dir schon viel bringen!
Du sollst dir nämlich gar nicht zuviel auf einmal vornehmen, denn: Kleine Lernbissen erhalten die Lernfreude, zuviel auf einmal verdirbt den Magen!
Das beigelegte Lösungsheft zeigt dir, ob du „Pluspunkte" zu verzeichnen hast oder ob du eine Übung noch einmal anschauen solltest.
Wie auch immer: Nach jedem Üben hast du dir Lob für deinen Einsatz verdient!

Wir sind die Zwillinge Emma und John.
Mit dem Familiennamen heißen wir Brown.
Wir leben in London und sind elf Jahre alt.
Du wirst uns und unserer Familie im Buch immer wieder begegnen.
Bis später!

Ich bin Jane, der Teenager.
Ganz allgemein möchte ich dir über das Buch sagen, daß es aus **drei Teilen** besteht:
Der **erste Teil** bietet mehrere recht lustige Spiele auf Englisch, die du gemeinsam mit einem Partner spielen solltest.
Der **zweite Teil** befaßt sich mit Grammatik, und zwar stehen auf den linken Seiten Erklärungen mit einfachen Übungen und auf den rechten Seiten weitere Übungen, die ein bißchen schwieriger sind. Aber ich bin sicher, du wirst auch die Übungen rechts schaffen!
Den **dritten Teil** findest du nur teilweise im Buch — in Form von Bildern! Alles andere ist als Kassette erhältlich . . .

. . . mit der du hervorragend üben kannst, und zwar macht das richtig Spaß! Übrigens — mein Name ist Stephen und ich bin um ein Jahr älter als meine Schwester Jane, der ich wieder einmal ins Wort gefallen bin. Aber so habe ich mich gleich kurz und schmerzlos vorgestellt.

Wir sind Mrs und Mr Brown. Unsere Kinder kennst du ja bereits. Sie sind alles andere als brav. Aber was soll man machen?
Wenn du wissen willst, wo deine Schwierigkeiten in Englisch liegen, mach zuerst die **Orientierungstests.** Aber sei ehrlich zu dir selbst. Mach lieber ein bißchen mehr als zuwenig!
So wie es am Anfang eines Abschnitts einen Orientierungstest gibt, gibt es am Schluß einen **Kontrolltest.** Wenn du das Gefühl hast, irgend etwas nicht richtig verstanden zu haben, blättere lieber zurück und mache die eine oder die andere Übung noch einmal!

Wir sind die Großeltern, Granny und Grandpa Brown. Wir hoffen, daß dir dieses Buch Freude machen wird. Am besten ist es, du schreibst die **schriftlichen Übungen** in ein eigenes Übungsheft! Es gibt aber auch **Einsetzübungen** im Buch oder Textstellen, die du mit Buntstift(en) unterstreichen sollst. Auch die **mündlichen Übungen** solltest du ernst nehmen, denn es kommt im Englischen ja vor allem aufs Sprechen an!
Übrigens — einige Übungen sind lang. Wenn du nach der Hälfte deine Lösungen mit dem Lösungsheft überprüft hast und siehst, daß du alles richtig hast, kannst du getrost zur nächsten Übung weitergehen.
Jetzt sind wir aber fertig. Wir wollen dir nur noch Floppy vorstellen. Er ist ein rechter Schlingel. Aber du wirst ihn sicher im Laufe deiner Arbeit mit diesem Buch nocht gut kennenlernen! Viel Spaß!

Zeichenerklärung

bedeutet, daß es zu dem folgenden Abschnitt eine Hör- und Sprechübung auf der Tonkassette gibt.

bedeutet, daß du eine Übung zuerst einmal mündlich machen sollst.

bedeutet, daß du direkt ins Buch schreiben sollst (mit Bleistift!).

bedeutet, daß es sich um etwas Kniffliges handelt.

1. Teil
Kommunikative Spiele zu zweit

Was ist ein „kommunikatives" Spiel?

Wir lernen eine Sprache nicht um ihrer selbst willen, sondern um miteinander sprechen zu können, um die Kommunikation miteinander möglich zu machen. Die Spiele in diesem ersten Teil betonen daher diese „kommunikative" Funktion der englischen Sprache.

Du brauchst bei diesen Spielen immer einen **Partner,** der bereits etwas Englisch spricht. Die Anleitungen und Informationen für deinen Partner befinden sich im Lösungsheft auf Seite 2.

Bitte achte auf folgendes:

- Die meisten dieser kommunikativen Spiele beruhen auf dem Prinzip von **Frage und Antwort.** In der Regel stellst du die Fragen, und dein Partner gibt die Antworten. Manchmal aber ist das umgekehrt.
- Gelegentlich gibt es auch **Würfelspiele** zu zweit, wobei es dann darum geht, bei jedem Feld, auf dem man beim Würfeln landet, das Passende zu sagen.
- Auf den Seiten 28 und 29 gibt es auch einige **Vokabelspiele,** die verschieden schwierig sind. Einige davon könntest du bereits von Anfang an verwenden, andere erst später im Jahr.

Die Spiele sind so geordnet, daß sie nach und nach schwieriger werden. Du mußt also zwischen den einzelnen Spielen auch fleißig am zweiten Teil des Buches (Grammatik) weiterarbeiten.

Viel Erfolg!

1. Nach der Farbe fragen (Asking for the colour)

Partner: Siehe Lösungsheft, Seite 3.

- Nimm dir folgende Buntstifte: blau, braun, gelb, grau, grün, orange, rosa, rot, schwarz.
- Frage deinen Partner nach der Farbe der einzelnen Kleidungsstücke, oder versuche die Farbe zu erraten. Male die Kleidungsstücke dann an.
- So fragst du auf Englisch:

What colour is the hat? (Einzahl)

What colour are the shoes? (Mehrzahl)

oder:

Is the hat blue? (Einzahl)

Are the shoes red? (Mehrzahl)

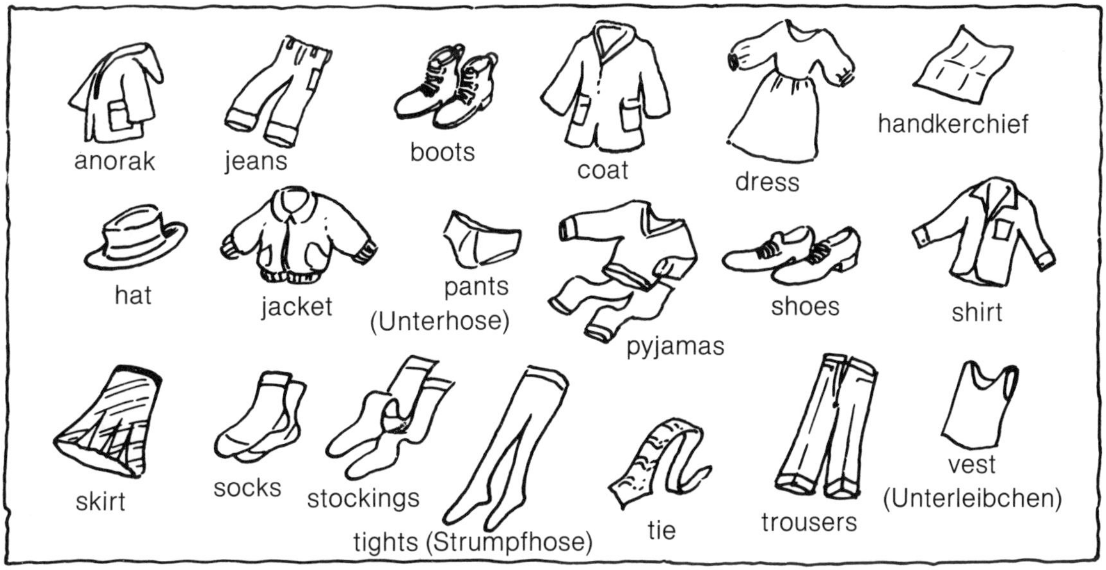

2. Fragen, wo etwas ist (Asking where something is)

Partner: Siehe Lösungsheft, Seite 3.

- Das ist Stephens Zimmer. Wie immer, herrscht hier ein schreckliches Durcheinander. Kannst du erfragen, wo die Gegenstände, die unter dem Bild angegeben sind, herumliegen?

- Am besten fragst du:

Where is the lamp?
Where are the letters? (Einzahl)

oder:

Is the lamp on the desk?
Are the letters under the bed? (Mehrzahl)

- Ordne zu jedem Gegenstand dann die richtige Zahl!

① **under** the bed (unter)
② **beside** the bed (neben)
③ **on** the wall (auf)
④ **behind** the curtain (hinter)
⑤ **in** the cupboard (in)
⑥ **between** the chairs (zwischen)
⑦ **above** the bed (über)
⑧ **on** the desk (auf)
⑨ **in front of** the bookcase (vor)
⑩ **near** the cupboard (in der Nähe)

○ letters 
○ lamp 
○ posters 
○ radio 
○ comb 

○ gloves 
○ football 
○ brush 
○ mirror 
○ scissors 

3. *Wem gehört es? (Whose is it?)*

Partner: Siehe Lösungsheft, Seite 4.

- Von den sechzehn Artikeln, die unten angeführt sind, findest du **zehn** in dem Buchstabenrätsel. Sie sind entweder waagrecht, senkrecht oder schräg geschrieben. Trage ein Kreuz ☒ bei den zehn Artikeln ein!
- Stelle danach durch Frage und Antwort fest, wem welcher Gegenstand gehört. So fragst du richtig:

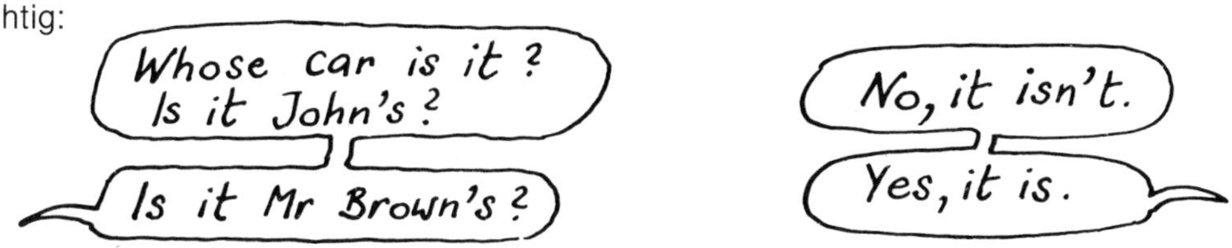

- „Whose" spricht man [hu:z] aus

P	A	K	I	V	H	I	P	U	S	E	R	Z	A	O
I	S	U	L	O	F	M	U	K	B	W	O	F	E	B
T	C	B	P	E	B	U	S	R	E	P	U	R	S	E
C	A	M	I	L	A	I	Y	V	N	L	S	A	G	N
Z	R	E	M	A	S	R	K	N	I	F	E	N	R	I
W	O	F	A	R	K	O	C	E	G	C	K	I	B	X
H	U	S	D	R	E	S	S	T	J	D	T	O	Y	U
B	A	L	N	U	T	N	V	A	Y	Q	H	J	L	D

- dress (Kleid) ☐
- book ☐
- car ☒ → Mr Brown
- toy (Spielzeug) ☐
- pen ☐
- pullover ☐
- purse (Geldbörse) ☐
- radio ☐
- watch (Armbanduhr) ☐
- bike (Fahrrad) ☐
- shirt (Hemd) ☐
- basket (Korb) ☐
- knife (Messer) ☐

Mrs Brown
John
Floppy
Mr Brown
Jane
Stephen
Emma

4. Jemanden beschreiben (Describing someone)

Partner: Siehe Lösungsheft, Seite 4.

- Ein Mann wird von der Polizei gesucht. Dazu befragt die Polizei alle jene Leute, die den Mann gesehen haben, und stellt dann aus den vielen Beschreibungen ein „Phantombild" des Mannes zusammen.
- Nimm jetzt ein Stück Papier und versuche, solche Fragen zu stellen, die es dir ermöglichen, selbst so ein „Phantombild" mit den unten aufgezeigten Möglichkeiten zu entwerfen.
- Verwende dazu folgende Fragearten:

Has he got a long nose or a short nose? — He's got a long nose.

oder: Has he got a short nose? — No, he hasn't.

Has he got a long nose? — Yes, he has.

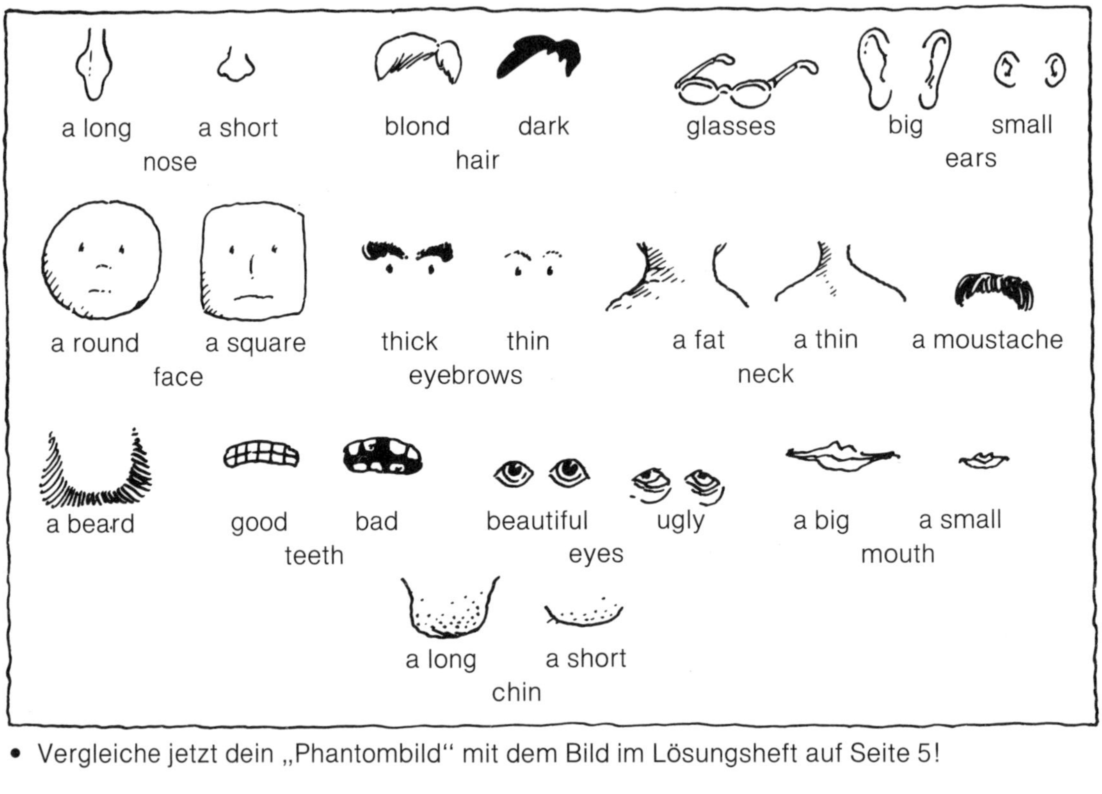

- Vergleiche jetzt dein „Phantombild" mit dem Bild im Lösungsheft auf Seite 5!

5. *Was man gern oder nicht gern hat (Things you like or don't like)*

Partner: Siehe Lösungsheft, Seite 5.

- Mache ein Kärtchen mit folgenden Antwortmöglichkeiten auf die Frage „Do you like . . .?" (= Hast du . . . gern?)

Do you like cake?

Yes, very much (+ +)
Yes, I do (+)
No, I don't (—)
No, I hate it (— —)
I don't know (?)

- Die Spalte für Emma Brown ist bereits ausgefüllt. Fülle jetzt die Spalte für dich selbst aus.
- Dann befrage auch deine Familie oder deine Freunde — **immer mit vorgelegtem Antwortkärtchen!**

		Emma	you	....	....	....
foods	cabbage (Kohl)	— —				
	cake (Torte)	+				
	honey	+ +				
	cheese	+				
	toast	—				
drinks	tea	—				
	coffee	— —				
	coke	+ +				
	milk	+				
activities	skiing	?				
	jogging	+				
	football	+ +				
	watching TV	—				
	doing homework	— —				

- Was ist allgemein am beliebtesten? ______________________________

  Was ist allgemein am wenigsten beliebt? ______________________________

- Berichte jetzt jemandem über die Eintragungen in den Spalten 3 bis 5.

  z. B. *Daddy likes chicken but he hates carrots.*

6. Beim Einkaufen (Shopping)

Partner: Siehe Lösungsheft, Seite 6.

- Du sollst in jedem Geschäft nur **einen** Artikel kaufen, und zwar den **billigsten!** Dazu mußt du dich in jedem Geschäft zuerst erkundigen, wieviel jeder Artikel kostet.
- Errechne am Schluß, wieviel Geld du dazu brauchst.
- So fragst du nach dem Preis:

How much <u>is</u> the butter? — It's 70 p.

oder Mehrzahl:

How much <u>are</u> the socks? — They are £ 2.10.

		cost(s):	cheapest (am billigsten)
SUPERMARKET	sugar	______	______
	tea	______	______
	butter	______	______
CLOTHES SHOP	socks	______	______
	pullover	______	______
	trousers	______	______
	hat	______	______
BUTCHER	sausages (Würstchen)	______	______
	lamb (Lammfleisch)	______	______
	chicken	______	______
BAKER	bread	______	______
	rolls (Semmeln)	______	______
	cake	______	______

Total (Summe) ______

7. Wie spät ist es? (What's the time?)

Partner: Siehe Lösungsheft, Seite 7.

- Im Uhrenmuseum gibt es viele verschiedene Uhren. Nur **eine** davon geht richtig! Kannst du feststellen welche? Das wird dir allerdings erst gelingen, wenn du weißt, „was die Uhren sagen".
- Um die Uhren nicht zu verwechseln, verwende „first" (erste), „second" (zweite) usw. Zeichne die jeweilige Zeit ein!
- So fragst du auf Englisch:

What's the time on the first clock?

Ten o'clock.

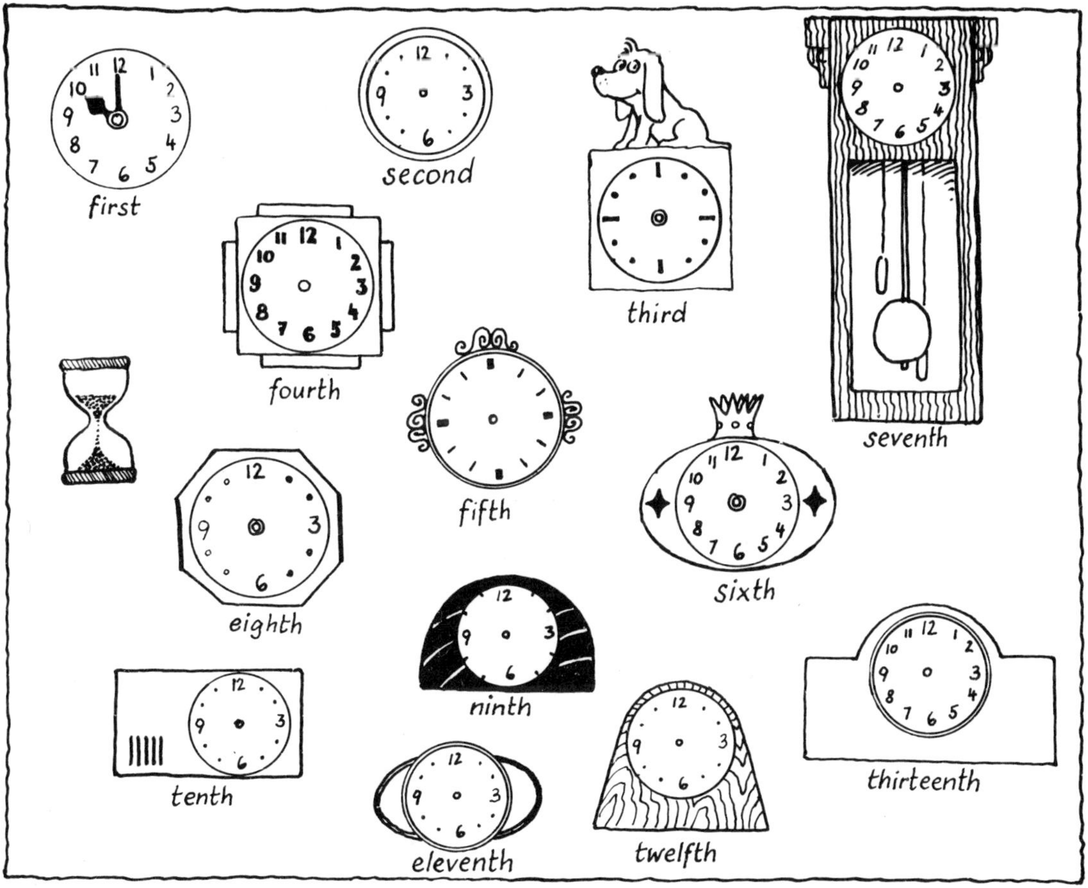

- Welche Uhr geht richtig? Wie spät ist es? ______________________

8. Johns Tagesroutine (John's daily routine)

Partner: Siehe Lösungsheft, Seite 7.

- Um dieses Spiel zu zweit zu spielen, brauchst du einen Würfel  und zum Beispiel zwei Knöpfe  als Läufer.
- Wer auf einem Feld mit einem **Bild** landet, muß das dazu Passende sagen, z. B. wer auf Feld Nr. 2 landet, muß dazu sagen: „He gets up". Wer die passenden Wörter **nicht** richtig weiß, muß beim nächsten Mal passen.
- Wer auf einem Feld mit einer **Leiter** landet, steigt bis ans Ende der Leiter, aber erst, nachdem er die richtigen Wörter gesagt hat, z. B. auf Feld Nr. 3 „It's a beautiful day".
- Bei einem Feld mit einer **Schlange** rutscht man ans andere Ende der Schlange, z. B. von Feld Nr. 15 auf Nr. 1.
- Merkt euch folgende Ausdrücke für das Spiel und deckt sie beim Spielen immer wieder zu!

2. He gets up.
3. It's a beautiful day.
5. He has breakfast.
7. He packs his schoolbag.
9. He **misses** the bus (versäumt).
11. He **catches** the bus (erwischt).
13. He **meets** his friends (trifft).
15. He is **late** for school (zu spät).
16. School begins at nine.
18. He has a maths lesson.
19. He gets **good marks** (gute Noten).
21. He has a German lesson.
23. He **has a break** (macht Pause).
24. He has an English lesson.
25. He **hasn't got his book** (hat sein Buch nicht mit).
27. He has a biology lesson.
28. He **draws** a **good picture** (macht eine gute Zeichnung).
29. He has **lunch** (Mittagessen).
31. He plays football.
32. He **hurts his leg** (verletzt sich das Bein).
34. He has a **history** lesson (Geschichte).
35. His homework is very good.
36. School ends.
38. He **gets a lift home** (wird mit nach Hause genommen).
39. He catches the bus home.
40. He misses the bus home.
41. He **arrives** home for tea (kommt an).
43. He **does** his homework (macht).
45. He has **supper** (Abendessen).
46. He watches television.
48. He **goes to bed** too late (geht zu Bett).
49. He **goes to sleep** (schläft ein).

FINISH
START
HISTORY
Very good
English
Biology
good
Guten Morgen
27 + x
10/10 good
Corn-flakes
Milk

Partner: Siehe Lösungsheft, Seite 8.

9. *Anleitungen geben (Giving instructions)*

- Hier siehst du den Grundriß eines englischen Wohnzimmers mit offenem Kamin (fireplace). Es steht noch leer, aber die Möbel sind soeben geliefert worden.
- „Möbliere“ jetzt das Zimmer, indem du Gegenstände, die noch neben dem Bild stehen, **in derselben Größe** auf dem Grundriß einzeichnest.

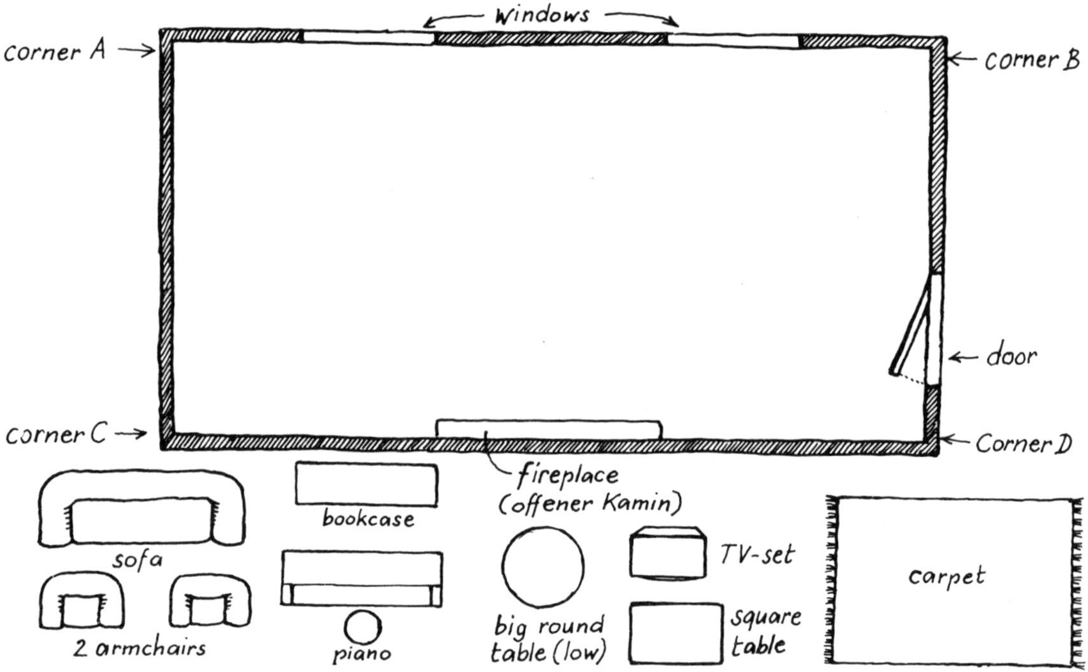

- Wenn du das Zimmer vollständig „möbliert“ hast, erkläre/beschreibe deinem Partner genau, wo alles steht, und er soll, **deinen Anleitungen folgend,** auf demselben Grundriß im Lösungsheft alles an die richtige Stelle setzen. Deinen Plan darf er aber erst sehen, wenn er alle Möbel eingezeichnet hat. Wenn du gute Anleitungen gegeben hast und er dich gut verstanden hat, dann müßten die zwei Zeichnungen ganz übereinstimmen!
- So gibst du Anleitungen:

Put* the piano
- in corner A.
- in the middle of the room.
- in front of the window by corner B.
- between the windows.
- in front of the fireplace.
- next to the door.

*(Stelle . . .)

10. *Wie oft ...? (How often ...?)*

Partner: Siehe Lösungsheft, Seite 9.

- Mache wieder eine Karte, diesmal mit folgenden Antwortmöglichkeiten:

always	(immer)
often	(oft)
sometimes	(manchmal)
seldom	(selten)
never	(nie)

- Befrage jetzt jemanden, um festzustellen, wie oft sie/er die verschiedenen Sachen, die im **Fragebogen (Questionnaire)** angeführt sind, machen (z. B. „How often do you watch TV?", „How often do you go to the dentist?").
- Trage die Antwort in der entsprechenden Spalte mit einem ☒ ein!

QUESTIONNAIRE	**always**	**often**	**sometimes**	**seldom**	**never**	
brush your teeth						
watch TV						
go to a football match						
do the washing-up						(abwaschen)
smoke						
go to a restaurant						
make your bed						
go skiing						
go swimming						
play cards						
go to the **cinema**						(Kino)

- Erzähle jetzt jemandem, was die Person, die du interviewt hast, tut. Zum Beispiel:

*He often watch**es** TV.*

Achtung! Nicht das -(e)s vergessen!
Auf die Wortstellung achten!

Siehe Grammatikteil: Seite 76 und 82.

11. *Du machst ein Interview (Interviewing somebody)*

Partner: Siehe Lösungsheft, Seite 9.

- Suche dir eine erwachsene Person aus, die ein wenig Englisch spricht. Nach Möglichkeit jemanden, den du nicht sehr gut kennst, damit das Interview echter wird.
- Stelle immer **vollständige Fragen.** Im Fragebogen (Questionnaire) werden die Fragen nur stichwortartig angedeutet:

questionnaire	**deine Frage**
Favourite colour (Lieblingsfarbe)	What is your favourite colour?
oder: Sisters	Have you got any sisters?

- Verwende beim Interview einen **Kassettenrekorder,** wie die Profis das machen!

Interview — Questionnaire

How old?	______
Sisters?	Yes ☐ No ☐
Brothers?	Yes ☐ No ☐
Job	______ (Beruf)
Hobbies	______
Favourite food	______
Favourite colour	______
Favourite drink	______
Favourite TV programme	______
Languages/speak?	______
Smoke?	Yes ☐ No ☐

Thank you for the interview!

- Berichte jetzt über das Interview:

z. B. He has got two sisters. **oder:** He is 22 years old.

12. Einen Termin vereinbaren (Making a date)

Partner: Siehe Lösungsheft, Seite 10.

- Es geht hier um ein Rollenspiel. Du bist Emma oder John, und dein Partner übernimmt die Rolle von Emmas Freundin Judy (bzw. Johns Freund Mike).
- Zuerst soll sich jeder erkundigen, was der andere in der kommenden Woche nachmittags und abends vorhat, und die Antworten in das leere Kalenderblatt eintragen. Zum Beispiel:

Dann trägst du auf das leere Blatt das passende Stichwort ein: **„cinema".**

- Du wirst feststellen, daß es zwei Termine gibt, die für euch beide noch frei sind. Mache einen Vorschlag, zum Beispiel:

Your diary (Kalender)

	afternoon	evening
MONDAY	go to the dentist	
TUESDAY		go to a party
WEDNESDAY	have a piano lesson	
THURSDAY		
FRIDAY		go to a concert
SATURDAY	play tennis	
SUNDAY		

Your friend's diary

	afternoon	evening
		cinema

- Trage den neuen Termin ein!

13. Vokabelspiele (Vocabulary games) zu zweit

Partner: Siehe Lösungsheft, Seite 10.

Game 1

Einen WORTWURM (eine WORTKETTE) bilden (Making a word-chain)

Das geht so: Du denkst dir ein englisches Wort aus, zum Beispiel „lette**r**“. Dein Mitspieler muß nun ein **neues** Wort finden, das mit dem letzten Buchstaben dieses Wortes anfängt, z. B. „**r**ai**n**“. Das nächste Wort könnte dann „**n**am**e**“ sein, dann „**eye**“ usw.

Game 2

Auf den Rücken schreiben (Back-writing)

Variante 1: Dein Mitspieler „schreibt“ mit seinem Finger ein Wort auf deinen Rücken. Nach jedem Buchstaben sagst du den Buchstaben laut. Wenn du ihn nicht erkannt hast, „wischt“ dein Mitspieler ihn aus und schreibt ihn noch einmal. Am Schluß sagst du, wie das geschriebene Wort lautet. Zum Beispiel M-O-T-H-E-R = „mother“.

Variante 2: Dein Mitspieler schreibt die Einzahl, und du sagst die passende Mehrzahl dazu. Zum Beispiel C-H-I-L-D → „children“.

Game 3

Reimende Wörter (Rhyming words)

Du denkst dir ein englisches Wort aus, zum Beispiel „day“. Dein Mitspieler muß nun ein neues Wort finden, das sich mit „day“ reimt, z. B. „they“ usw.

DAY — THEY — MAY — SAY — . . . .

oder

WHERE — THERE — HAIR — BEAR — . . . .

Achtung: Nicht die Schreibweise, sondern die **Aussprache** gilt!

Game 4

Wortgruppen (Word groups)

Ähnlich dem beliebten „Stadt-Land-Spiel“. Insgesamt gibt es **neun** Familien. Es wird ein Buchstabe gewählt, und für jede Wortgruppe mußt du jetzt ein englisches Wort finden, das mit diesem Buchstaben anfängt. Wer nach fünf Minuten die meisten richtigen Wörter aufgeschrieben hat, gewinnt.

	Wortgruppe	Beispiele	
		P	A
1	piece of clothing (Kleidung) OR part of body (Körperteil)	**p**ullover	**a**rm
2	something in the house	**p**oster	**a**rmchair
3	something or someone at school	**p**en	**a**tlas
4	something to eat or to drink	**p**opcorn	**a**pple-juice
5	nationality OR profession (Beruf)	**p**oliceman	**A**ustrian
6	an adjective/colour	**p**ink	**a**ngry
7	something in the street	**p**ost-office	**a**mbulance
8	something in the garden OR an animal	**p**arrot	**a**pple-tree
9	something you do (etwas, das man tut)	**p**laying games	**a**nswering questions

14. Nach Berufen fragen (Asking about people's jobs)

Partner: Siehe Lösungsheft, Seite 11.

Was macht Mr Simpson? (What does Mr Simpson do?)

- Unten findest du zwölf Personen und zwölf verschiedene Berufe. Es geht darum, festzustellen, was Mr Simpson von Beruf ist. Das kannst du nur dann herausfinden, wenn du alle anderen elf Berufe zugeordnet hast.
- So fragst du richtig:

oder:

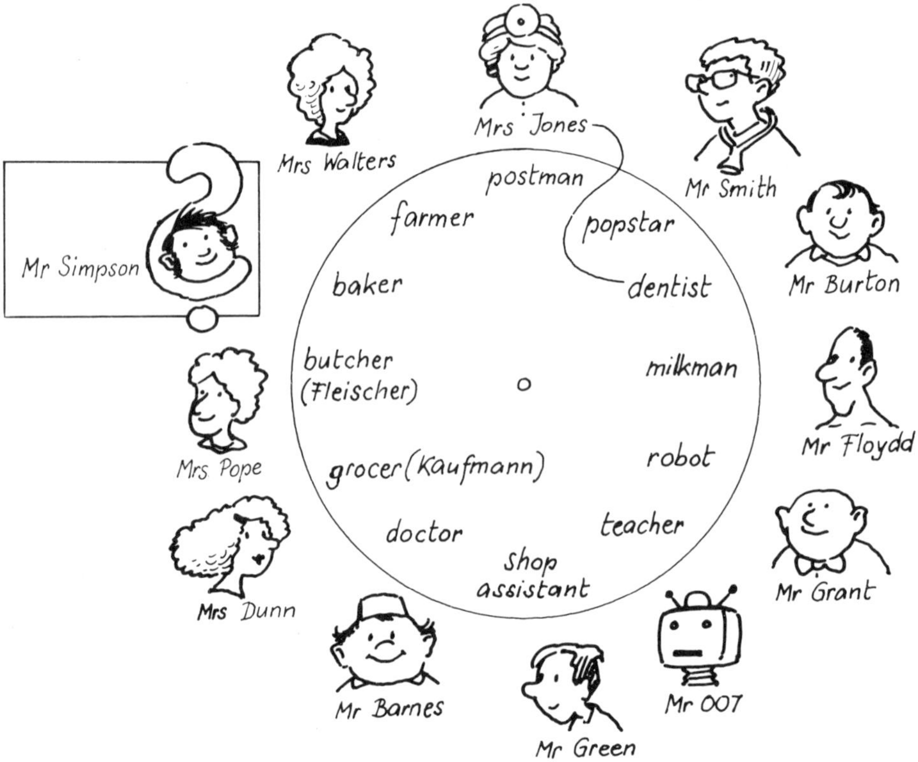

Lösung: Mr Simpson is a ____________________

15. *Wie geht es dir? (How are you?)*

Partner: Siehe Lösungsheft, Seite 11.

- Hier gibt es verschiedene Antwortmöglichkeiten auf die Frage „How are you?". Wenn es dir gut geht (z. B. Feld 15 „Fine, thanks. And you?"), dann kommst du noch einmal dran. Wenn es dir schlecht geht (z. B. Feld 6 „I've got a toothache."), mußt du einmal aussetzen.
- Wenn du auf einem beschrifteten Feld zu stehen kommst, dann muß dich dein Mitspieler fragen: *How are you?*

Vergißt er das, muß er **einmal aussetzen!**

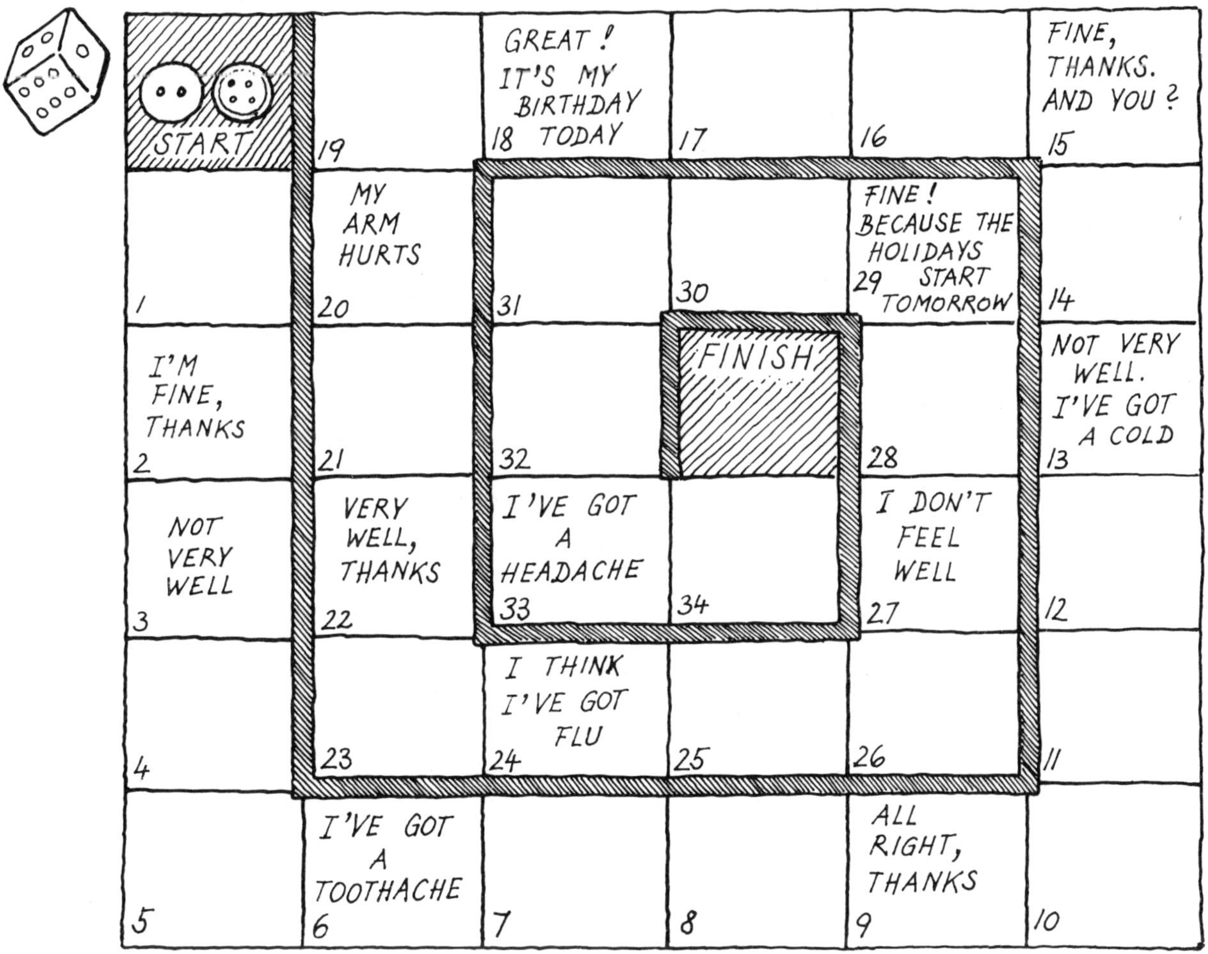

16. *Ein zweites Interview (A second interview)*

Partner: Siehe Lösungsheft, Seite 12.

- Es geht bei diesem zweiten Interview um die Vergangenheit. Suche dir wieder jemanden aus, der etwas Englisch spricht und den du nicht allzugut kennst.
- Stelle auch diesmal nur vollständige Fragen:

questionnaire	**deine Frage**
When . . . born?	*When were you born?*

— und vergiß nicht, einen Kassettenrekorder zu verwenden!

Interview — Questionnaire

1. Name	______________	
2. When . . . born?	______________	
3. Where . . . born?	______________	
4. Where . . . to school?	______________	
5. Which subjects . . . like?	______________	
6. Which subjects . . . not like?		
7. Which sports . . . play at school?	______________	
8. What . . . hobbies when you were young?	______________	
9. How often . . . to the cinema, when you were young?	often	☐
	sometimes	☐
	seldom	☐
	never	☐
10. . . . like school?	yes	☐
	no	☐

Thank you for the interview.

- Berichte jetzt über das Interview. Zum Beispiel:

She was born in Salzburg.

17. Einen Brief schreiben (Writing a letter)

Partner: Siehe Lösungsheft, Seite 12.

- Schau dir den ersten Brief an, und versuche die Stellen, die im Antwortschreiben naß geworden sind und nicht mehr lesbar sind, zu erraten.
- So fragst du richtig:

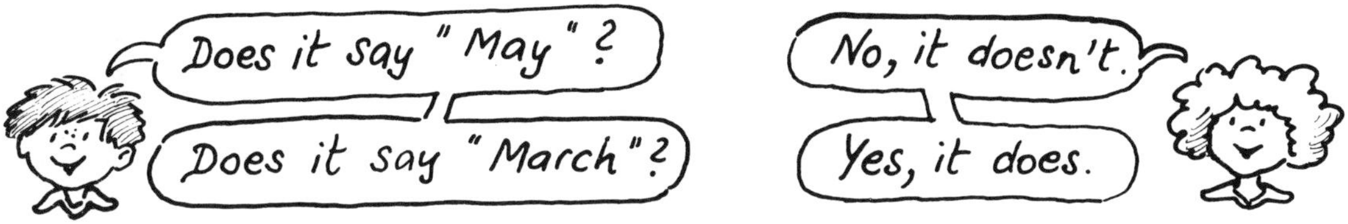

10, Melville Rd
London SW16
19th March

Dear Granny,
I hope you have a lovely birthday and that you get lots of presents. I made this picture for you in our painting lesson. School is better now, but I am looking forward to the Easter holidays. Lots of love to you and Grandpa.

Love,
xxx Emma xxx

27, Barton Rd
Cambridge
[redacted] 5th Ma[redacted]

[redacted] Emma,
Thank you for the beautiful pi[redacted]. I have put [redacted] up in the kit[redacted]. I had a wonderful bir[redacted]. Uncle Tom and A[redacted] Margaret came for the day. It was such fun. Gr[redacted] gave me a new bi[redacted]! A red one. We shall see you when we come to stay in A[redacted].

Lots of [redacted],
Granny

18. *Um etwas bitten oder etwas anbieten (Asking for or offering something)*

Partner: Siehe Lösungsheft, Seite 13.

- Du brauchst wieder einen  und so viele Knöpfe , wie es Spieler gibt.
- Wenn du auf einem Feld landest, das beschriftet ist, dann mußt du das machen, was dort angegeben ist. Z. B. „Ask for a cup of tea".

  Dann sagst du: *Can I have a cup of tea, please?*

  Dein Mitspieler muß auf deine Frage auch richtig antworten, das heißt, er sagt entweder:

  Yes, of course.

  oder, wenn es keinen Tee mehr gibt:

  Sorry, there's no tea left.

  Die Wahl der Antwort bleibt ihm überlassen.
- Wenn du die Frage falsch stellst, dann mußt du beim nächsten Mal passen. Ebenso muß dein Mitspieler passen, wenn er eine falsche Antwort gibt.
- Hier noch ein Überblick über die Frage- und Antwortmöglichkeiten: (Während des Spiels natürlich zudecken!)

(a) **Du willst um etwas bitten**

Can I have some tea? — *Yes, of course.* **oder** *Sorry, there's no tea left.*

(b) **Du willst um Hilfe bitten**

Can you help me do my homework? — *Yes, of course.* **oder** *Just a minute.* **oder** *I'm sorry, but I'm busy.*

(c) **Du willst etwas anbieten**

Would you like some cake? — *Yes, please.* **oder** *No, thank you.*

(d) **Du willst deine Hilfe anbieten**

Shall I clean the dishes? — *Yes, please.* **oder** *No, thanks. I can do it myself.*

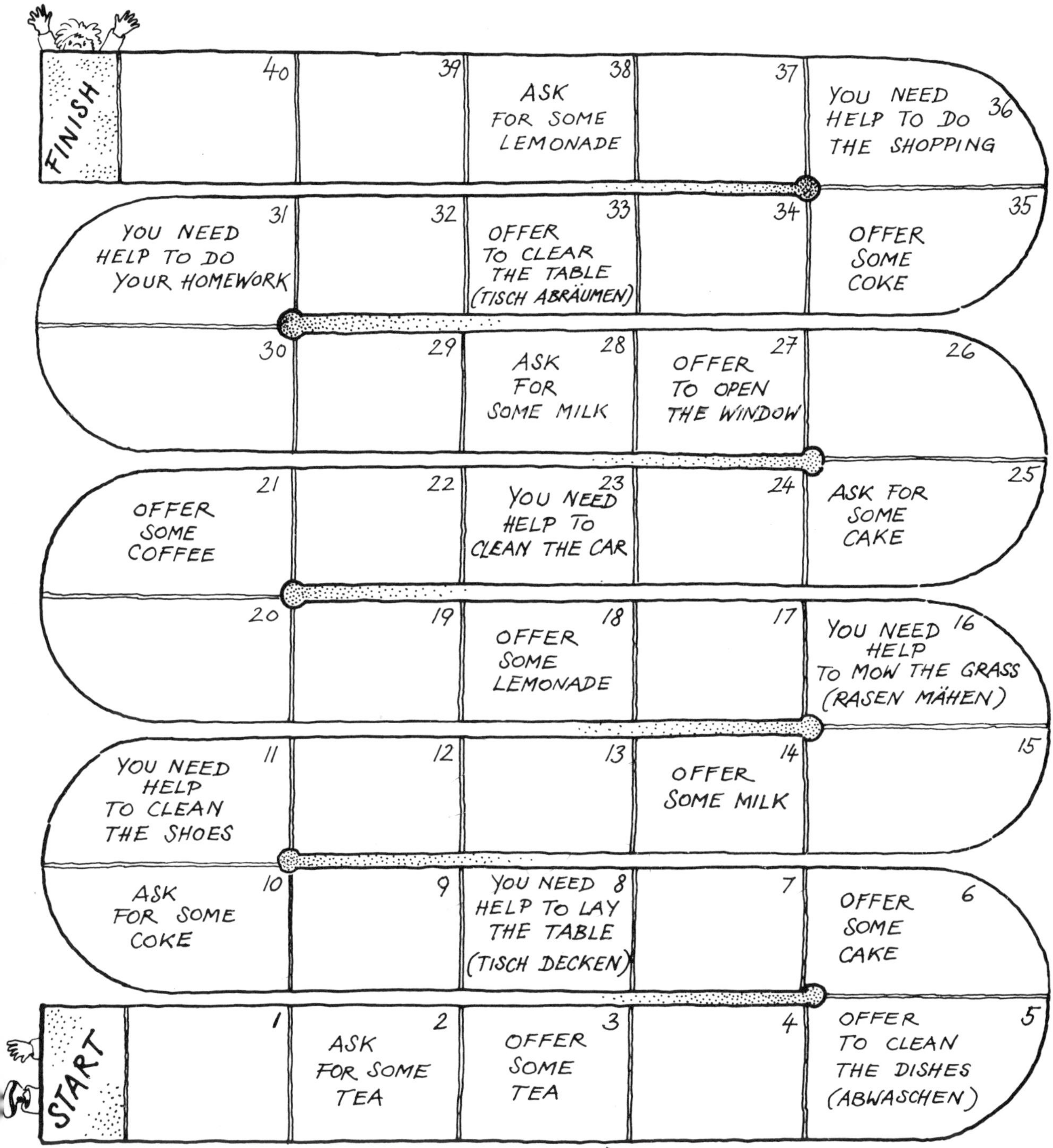
START
1
2 ASK FOR SOME TEA
3 OFFER SOME TEA
4
5 OFFER TO CLEAN THE DISHES (ABWASCHEN)
6 OFFER SOME CAKE
7
8 YOU NEED HELP TO LAY THE TABLE (TISCH DECKEN)
9
10 ASK FOR SOME COKE
11 YOU NEED HELP TO CLEAN THE SHOES
12
13
14 OFFER SOME MILK
15
16 YOU NEED HELP TO MOW THE GRASS (RASEN MÄHEN)
17
18 OFFER SOME LEMONADE
19
20
21 OFFER SOME COFFEE
22
23 YOU NEED HELP TO CLEAN THE CAR
24
25 ASK FOR SOME CAKE
26
27 OFFER TO OPEN THE WINDOW
28 ASK FOR SOME MILK
29
30
31 YOU NEED HELP TO DO YOUR HOMEWORK
32
33 OFFER TO CLEAR THE TABLE (TISCH ABRÄUMEN)
34
35 OFFER SOME COKE
36 YOU NEED HELP TO DO THE SHOPPING
37
38 ASK FOR SOME LEMONADE
39
40
FINISH

2. Teil
Grammatik mit Übungen

Erster Orientierungstest: Kapitel 1 bis 5

Du kannst mit diesem Orientierungstest feststellen, wo deine Schwächen liegen und worauf du dich daher konzentrieren sollst. Mach die folgenden Übungen und überprüfe deine Antworten dann anhand des Lösungsheftes. Wenn **alle** Antworten in einer Übung richtig sind, kannst du die betreffenden Seiten überblättern. Wenn nicht, dann arbeite die Seiten, die hier neben der jeweiligen Übung angegeben sind, gründlich durch!

☑ richtig

☒ falsch

1. Der Artikel

a oder **an**?

man — a man
apple — an apple

☐ exercise-book	☐ German book
☐ cap	☐ pencil
☐ orange	☐ old man

Seiten 40 und 41

Mit oder ohne **the**?

I must go to . . . doctor.
I must go to the doctor.
Is . . . breakfast ready?
Is breakfast ready?

☐ Jane must go to . . . school.
☐ The book is on . . . table.
☐ Peter is in . . . bed.
☐ I can play . . . piano.

Seiten 42 und 43

2. Das Hauptwort

Bilde die **Mehrzahl**!

boy — boys
glass — glasses

☐ apple	☐ knife
☐ sandwich	☐ man
☐ story	☐ chair

Seiten 44 und 45

Bilde den **Besitzfall**!

the child/ball
the child's ball

☐ John/room
☐ the children/books
☐ the boys/teacher

Seiten 46 und 47

a oder **some**?

bread — some bread
piece of bread — a piece of bread

☐ cup of tea	☐ butter
☐ tea	☐ bottle of milk
☐ milk	☐ pound of butter

Seiten 48 und 49

3. Das Fürwort

Ersetze die unterstrichenen Hauptwörter durch **Fürwörter**!

Stephen is at school.
He is at school.
I can't find my shoes.
I can't find them.
This is Mr Brown's coat.
This is his coat.

- ☐ I can't see Emma.
- ☐ Where is the book?
- ☐ The pencils are on the table.
- ☐ Emmy can't find Stephen.
- ☐ Here are the twins' shoes.
- ☐ Where are Mother's glasses?

Seiten 50 bis 53

4. Die Hilfszeitwörter

am, is oder **are**?

The twins . . . English.
The twins are English.

- ☐ I . . . not English.
- ☐ Mr and Mrs Brown . . . at home.
- ☐ . . . Stephen at home, too?
- ☐ There . . . two books on the table.

Bilde **Fragen**!

Floppy is in the garden.
Is Floppy in the garden?

- ☐ The twins are at school.
- ☐ Jane can play the piano.
- ☐ There is a mouse in the room.

Seiten 56 bis 61

5. Die Verlaufsform der Gegenwart

Bilde Sätze mit der **Verlaufsform!**

Floppy/run
Floppy is running.

- ☐ The sun/shine
- ☐ The children/play
- ☐ I/learn English
- ☐ Father/sit on a chair

Bilde **Frage** und **Verneinung**!

Stephen is baking a cake.
Is Stephen baking a cake?
Stephen isn't baking a cake.

- ☐ The twins are watching TV.
- ☐ I am learning German.
- ☐ Jane is doing her homework.

Seiten 62 bis 67

1. Der Artikel (the article)

1.1 Der unbestimmte Artikel: **a** oder **an**

(1) Im Englischen gibt es beim unbestimmten Artikel weder Fälle noch Geschlecht:

ein Schuh (männlich, 1. Fall)	**a** shoe
ein Auto (sächlich, 1. oder 4. Fall)	**a** car
eine Banane (weiblich, 1. oder 4. Fall)	**a** banana
einen Mann (männlich, 4. Fall)	**a** man

Übersetze!

ein Haus, ein Bus, ein Ding, eine Schule, eine Klasse, ein Ball, ein Tisch, eine Tasche

(2) Ob der unbestimmte Artikel **a** oder **an** ist, hängt vom ersten (gesprochenen) Laut des **folgenden** Wortes ab.
Damit du ohne Pause sprechen kannst, lautet der unbestimmte Artikel vor Selbstlauten, das heißt vor **a, e, i, o** und **u, an:**

an apple	**an** ice-cream
an exercise-book	**an** orange

Und vor allen anderen Lauten **a:**

a pencil	**a** red apple
a cap	**a** hat

Stelle den unbestimmten Artikel vor diese Wörter!

Englishman, umbrella, egg, American car, Austrian bike, elephant

chair, schoolbag, black umbrella, window, blue exercise-book, light, tennis ball

Vorsicht!

(1) Bei manchen Wörtern ist der Buchstabe **h** am Anfang stumm, das heißt, er wird wohl geschrieben, aber nicht ausgesprochen.
Daher heißt es:

an hour (eine Stunde) [ən 'auə]

Bei einigen Wörtern wird das **u** am Anfang als [ju] ausgesprochen.
Deshalb heißt es:

a uniform [ə 'junifɔ:m]

Eckige Klammern geben in diesem Buch immer die Aussprache wieder!

(2) Vor **Berufsbezeichnungen** muß der unbestimmte Artikel verwendet werden:

Mr Smith is **a** teacher. (Herr Smith ist Lehrer.)
Betty is **an** actress. (Betty ist Schauspielerin.)

1. Der Artikel (the article)

(1) **a** oder **an**?

. . . man *a man*

. . . apple *an apple*

. . . orange
. . . banana
. . . shoe
. . . old shoe
. . . car
. . . American car
. . . pencil
. . . blue pencil

. . . horse
. . . hour
. . . book
. . . English book
. . . bike
. . . Austrian bike
. . . holiday
. . . aeroplane (Flugzeug)

. . . umbrella
. . . brown umbrella
. . . uniform
. . . ice-cream
. . . boy
. . . German boy
. . . actor (Schauspieler)
. . . big man

(2) Merke dir diese 12 Bilder! Schließ dann das Buch und schreib die Bezeichnungen zusammen mit dem unbestimmten Artikel in dein Übungsheft:

a chair, an orange, . . .

1.2 Der bestimmte Artikel: the

(1) Beim bestimmten Artikel gibt es im Englischen weder Fälle noch Geschlecht noch Zahl:

den Bleistift (männlich, 4. Fall)	**the** pencil
die Katze (weiblich, 1. oder 4. Fall)	**the** cat
das Mädchen (sächlich, 1. oder 4. Fall)	**the** girl
die Bücher (sächlich, Mehrzahl, 1. oder 4. Fall)	**the** books

Übersetze!

das Haus, die Schule, den Mann, das Kind, das Auto, die Feder

(2) Zum Unterschied vom unbestimmten Artikel (**a** und **an**) schreibt man nur **the;** es gibt jedoch zwei verschiedene Aussprachen:

th [i] vor Selbstlauten, das heißt vor **a, e, i, o** und **u**
th [ə] vor allen anderen Lauten

Vorsicht!

(1) Stelle **keinen** Artikel vor

Übersetze!

Eigennamen
Mr Brown is in the garden.
(Herr Brown ist im Garten.)

Frau Brown ist im Haus.
Onkel Henry ist im Garten.

Jahreszeiten (wenn sie nicht näher bestimmt sind)
Summer is coming.
(**Der** Sommer kommt.)

Der Winter kommt.
Ich mag den Sommer.

die Tage der Woche
Monday is the first day of the week.
(**Der** Montag ist der erste Tag der Woche.)

Sonntag ist der letzte Tag.
Ich mag den Samstag.

Mahlzeiten
Breakfast is ready.
(**Das** Frühstück ist fertig.)

Das Abendessen (supper) ist fertig.

school, bed
Jane ist at school.
(Jane ist in **der** Schule.)

Herr Brown ist im Bett.
Ich gehe in die Schule.

(2) Bei **Musikinstrumenten** wird im Englischen immer der bestimmte Artikel verwendet:

I play **the** piano. (Ich spiele Klavier.)

1. Der Artikel (the article)

(1) **th**[i] oder **th**[ə]?

Ordne die folgenden Wörter wie im Beispiel unten in zwei Gruppen:

the ice-cream, the car, the ball, the orange, the English teacher, the pencil, the cap, the umbrella, the letter, the house, the aeroplane, the old shoe, the American president, the red apple

th[i]	th[ə]
the ice-cream	*the car*

(2) Mit oder ohne **the**?

. . . book is on . . . table.

The book is on the table.

. . . breakfast is ready.

Breakfast is ready.

1. I must go to . . . school.
2. . . . Uncle Sam is in . . . garden.
3. Mummy, when is . . . lunch (Mittagessen) ready?
4. My friend Charles plays . . . horn.
5. Jane is ill. She is in . . . bed.
6. I like . . . Tuesday best.
7. In . . . winter it is very cold.
8. Where is . . . Emma? She is at . . . school.
9. It is late. You must go to . . . bed.
10. . . . Friday is the day after . . . Thursday.
11. Look! There is . . . Mrs Smith.
12. I go to . . . school after . . . breakfast (nach dem Frühstück).

2. Das Hauptwort (the noun)

2.1 Die Mehrzahl (the plural)

(1) Bei den meisten englischen Hauptwörtern wird bei der Mehrzahlbildung an die Einzahl einfach ein **s** angehängt:

1 book	2 book**s**
1 pen	3 pen**s**
1 chair	5 chair**s**
1 apple	8 apple**s**

Bilde die Mehrzahl!

bag, sock, shoe, door, finger, example, hat, cake, page, house

(2) Endet die Einzahl auf einen Zischlaut (geschrieben z. B. als **s, sh, ch, x** oder **z**), wird **es** angehängt.
Man spricht diese Endung [iz] aus.

1 gla**ss**	2 glass**es**
1 bu**s**	3 bus**es**
1 bo**x**	6 box**es**
1 sandwi**ch**	9 sandwich**es**

[iz]

bus, brush (Bürste), class, dress, cross (Kreuz)

(3) Bei Wörtern, die auf **Mitlaut + y** enden, wird in der Mehrzahl das **y** zu **ie:**

1 stor**y** (Geschichte)	2 stor**ies**
1 fl**y** (Fliege)	10 fl**ies**

baby, family

Aber keine Änderung bei **Selbstlaut + y:**

1 b**oy**	7 b**oys**
1 d**ay**	4 d**ays**

play (Theaterstück)
toy (Spielzeug)

(4) Hauptwörter auf **f** oder **fe** bilden die Mehrzahl gewöhnlich auf **ves:**

1 shel**f** (Regal)	5 shel**ves**
1 kni**fe** (Messer)	2 kni**ves**

wife (Ehefrau)
wolf

Vorsicht!

Eine Anzahl von wichtigen Hauptwörtern hat eine **unregelmäßige** Mehrzahl. Folgende mußt du kennen:

1 child	2 **children**
1 man	5 **men**
1 woman	3 **women**
1 foot (Fuß)	2 **feet**
1 tooth (Zahn)	4 **teeth**

['wimin]

Übersetze!

drei Kinder, zwei Männer, zwei Frauen, zwei Füße, vier Zähne

2. Das Hauptwort (the noun)

(1) Bilde die Mehrzahl dieser Wörter!

ruler *rulers*

boy *boys*

brush	foot	story
house	exercise-book	box
page	dress	sandwich
shelf	baby	orange
day	apple	tooth
glass	knife	woman
man	table	bus
toy	shoe	child

(2) Merke dir diese 12 Bilder. Schließ dann das Buch und schreib in dein Übungsheft, was du gesehen hast:

two roses, . . .

2.2 Der 2. Fall (the possessive case)

(1) Bei **Personen** und meistens auch bei **Tieren** wird der 2. Fall mit **'s** oder **'** gebildet. Vergleiche deutsch: Vater**s** Zeitung.

the child**'s** toy the dog**'s** ball my sister**'s** room Charles**'s** socks [iz]	Wenn das Hauptwort in der **Einzahl** steht, hängst du **'s** an!	*Bilde den 2. Fall!* *man/book,* *my brother/pen,* *Mary/father*
the children**'s** shoes the men**'s** caps the women**'s** coats	Wenn das Hauptwort in der **Mehrzahl** steht, aber **nicht auf s** endet, hängst du ebenfalls **'s** an!	*children/socks,* *men/coats (Mäntel),* *women/dresses*
my sisters**'** friends the boys**'** teacher the twins**'** room	Wenn das Hauptwort in der **Mehrzahl** steht und auf **s** endet, hängst du nur **'** an!	*twins/school,* *girls/teacher*

(2) Bei **Dingen** wird der 2. Fall meistens mit **of** gebildet:

the top **of** the table (die obere Seite des Tisches)
the number **of** the bus (die Nummer des Busses)

top/blackboard,
front/car

Vorsicht!

(1) Bei **Geschäften** wird nur der Besitzer genannt, das Wort „shop" **denkt** man dazu:

I go to **the baker's** (= the baker's shop) (Bäcker).
Mother is at **the butcher's** (= the butcher's shop) (Fleischhauer).

Ebenso sagt man:

Jim must go to **the doctor's** (zum Arzt).
Mary is at **the dentist's** (beim Zahnarzt).

(2) Statt

This is Jane**'s** pen.
This is the teacher**'s** book.

kannst du auch sagen:

This pen is Jane**'s**.
This book is the teacher**'s**.

2. Das Hauptwort (the noun)

Bilde Sätze wie in den Beispielen!

(1)  → Charles

This is Charles's ball.

1.  → Ann
2.  → Father
3.  → the old man
4.  → the postman
5.  → the children
6.  → Uncle Sam
7.  → my friends
8.  → the dog

(2) Jane — **doctor**

Jane must go to the doctor's.

9. Andy — **grocer** (Lebensmittelhändler)
10. Mother — **butcher**
11. Stephen — **baker**
12. Mr Smith — **dentist**

(3) This is Jane's bag.

This bag is Jane's.

13. This is Stephen's dog.
14. This is Father's book.
15. This is Mary's coat.
16. This is my friend's cat.
17. This is Aunt Helen's house.
18. This is Emma and John's garden.
19. This is Jane's bike.
20. This is the children's room.
21. This is Charles's pencil-case.
22. This is the twins' toy.
23. This is Uncle Sam's pipe.
24. This is the teachers' room.

2.3 Zählbar oder nicht zählbar (countable or uncountable)?

Die meisten englischen Hauptwörter haben sowohl eine Einzahl- als auch eine Mehrzahlform:

a book	**two** book**s**
a chair	**twelve** chair**s**

Viele Wörter bezeichnen aber Stoffe, die man nicht zählen und daher auch nicht in die Mehrzahl setzen kann:

butter, bread, sugar (Butter, Brot, Zucker)

Im Englischen kann man nicht von „**a** butter" oder „two butter**s**" sprechen, sondern man spricht von „**some** butter" (etwas Butter):

I want **some** butter, please.

Man kann aber diese an sich nicht zählbaren Mengen zählbar machen, indem man nicht bloß von „butter" oder „bread" spricht, sondern von „**a packet of** butter" (ein Päckchen Butter) oder „**a piece of** bread" (ein Stück Brot).

Weitere Beispiele:

nicht zählbar (uncountable)		**zählbar (countable)**	
some	cheese	**a pound of** cheese	(Pfund = circa ½ kg)
some...	tea	a... cup of tea	
....	paper	.... piece of paper	(Stück)
....	soap	.... bar of soap	(Stück)
....	bread	.... loaf of bread	(Laib)

Vorsicht!

Bei nicht zählbaren Stoffen ist das deutsche Wort „viel" mit „much" zu übersetzen; bei zählbaren Dingen ist „viel**e**" mit „many" zu übersetzen:

much milk (**viel** Milch)	**many** bottles of milk (**viele** Flaschen Milch)
much tea	**many** cups of tea

Du kannst aber diese Unterscheidung umgehen, indem du einheitlich den Ausdruck **a lot of** verwendest:

a lot of milk	**a lot of** bottles of milk
a lot of tea	**a lot of** cups of tea

2. Das Hauptwort (the noun)

Setze die richtigen Wörter ein!

(1) **some** oder **a**?

There is ... bread on the table.

There is some bread on the table.

There is ... loaf of bread on the table.

There is a loaf of bread on the table.

1. Here is ... bar (Tafel) of chocolate for you.
2. Here is ... chocolate for you.
3. Can I have ... paper?
4. Can I have ... piece of paper?
5. Mother is buying ... cheese.
6. Mother is buying ... pound of cheese.
7. Can I have ... glass of water?
8. Can I have ... water?
9. There is ... packet of butter in the cupboard.
10. There is ... butter in the cupboard.
11. I must buy ... tin (Dose) of tea.
12. I must buy ... tea.
13. There is ... lump (Stück) of sugar in your tea.
14. There is ... sugar in your tea.
15. Here is ... toothpaste (Zahnpasta).
16. Here is ... tube of toothpaste.

(2) **much** oder **many**?

... butter *much butter*

... packets of sugar *many packets of sugar*

17. ... tins of tea
18. ... chocolate
19. ... books
20. ... glasses of water
21. ... cheese
22. ... tubes of toothpaste
23. ... rain
24. ... paper
25. ... bars of soap
26. ... children

3. Das Fürwort (the pronoun)

3.1 Das persönliche Fürwort (personal pronoun) als Satzgegenstand und Satzergänzung

In dem Satz

I can see **him** (**Ich** kann **ihn** sehen)

ist „I“ (ich) der Satzgegenstand (Subjekt) und „him“ (ihn) die Satzergänzung (Objekt).

	Satzgegenstand (Subjekt)		Satzergänzung (Objekt)	
EINZAHL	**I**	ich	**me**	mich
	you	du/Sie	**you**	dich/Sie
	he	er	**him**	ihn
	she	sie	**her**	sie
	it	es	**it**	es
MEHRZAHL	**we**	wir	**us**	uns
	you	ihr/Sie	**you**	euch/Sie
	they	sie	**them**	sie

Vorsicht!

(1) **it** steht für eine **Sache** oder ein **Tier:**

der Tisch, **die** Lampe, **das** Haus, **der** Frosch } **it**

(2) **du**, **dich**, **ihr**, **euch**, **Sie** } **you**

Unterstreiche den Satzgegenstand (Subjekt) jeweils mit einem blauen Buntstift und die Satzergänzung (Objekt) mit einem grünen Buntstift!

I am standing behind the tree. Floppy cannot see me.
You are standing behind the tree. Floppy cannot see you.
He is standing behind the tree. Floppy cannot see him.
She is standing behind the tree. Floppy cannot see her.
It is sitting behind the tree. Floppy cannot see it.
We are standing behind the tree. Floppy cannot see us.
You are standing behind the tree. Floppy cannot see you.
They are standing behind the tree. Floppy cannot see them.

3. *Das Fürwort (the pronoun)*

Setze die fehlenden Fürwörter ein!

(1) Jane can see Stephen. . . . can see . . . .

She can see him.

1. The children can see the cow. . . . can see . . . .
2. Mike and I are in the garden. . . . are in the garden.
3. I can't find my pen. I can't find . . . .
4. Where is Mother? Where is . . . ?
5. The newspaper is for Father. . . . is for . . . .
6. Can you see Emma? Can you see . . . ?
7. Where are the pencils? Where are . . . ?
8. I can see the pencils in the pencil-case. I can see . . . in the pencil-case.

(2) Where is Mother? . . . is in the sitting-room.

She is in the sitting-room.

9. Where are the children? . . . are in the kitchen.
10. Where is Mr Smith? . . . is at home.
11. Where are Stephen and Jane? I can't find . . . .
12. Where is the mouse? I can't see . . . .
13. Here I am! Can you see . . . ?
14. Hallo John! How are . . . ?
15. Where is Emma? We can't find . . . .

(3) This letter is for Stephen. Please give . . . to . . . .

Please give it to him.

16. This book is for Jane. Please give . . . to . . . .
17. This ball is for the children. Please give . . . to . . . .
18. That cake is for Stephen and me. Please give . . . to . . . .
19. The pencils are for Emma. Please give . . . to . . . .
20. The roses are for Father. Please give . . . to . . . .
21. The letters are for Stephen and me. Please give . . . to . . . .

3.2 Das besitzanzeigende Fürwort (the possessive pronoun)

Die Frage nach dem Eigentümer stellt man mit dem Fragewort **whose** (wessen):

Whose pullover is it? It is Jane's pullover. It is **her** pullover.
Whose ball is it? It is the children's ball. It is **their** ball.
Whose newspaper is it? It is Father's newspaper. It is **his** newspaper.

EINZAHL	**my** book	mein Buch
	your book	dein/Ihr Buch
	his book	sein Buch
	her book	ihr Buch
	its head	sein Kopf
MEHRZAHL	**our** books	unsere Bücher
	your books	eure/Ihre Bücher
	their books	ihre Bücher

Übersetze!

mein Hund, ihre Tasche, unser Haus, seine Freunde, Ihre Familie, deine Schwester

Vorsicht!

(1) **dein/deine**
euer/eure
Ihr/Ihre } **your**

(2) Für Haustiere, die „Familienmitglieder" sind, verwendet man im Englischen **he** oder **she** (z. B. Floppy = he) bzw. **his** oder **her.** Für alle anderen Tiere verwendet man **it** bzw. **its!**

Whose....... book is it? Is it John's book? Yes, it is ......his....... book.

.... ball is it? Is it the children's ball? Yes, it is .... ball.

.... dress is it? Is it Emma's dress? Yes, it is .... dress.

.... bag is it? Is it your bag, Jane? Yes, it is .... bag.

.... dog is Floppy? Is he your dog, John and Emma? Yes, he is .... dog.

.... mouse is it? Is it the cat's mouse? Yes, it is .... mouse.

.... book is this? Is it .... book? Yes, it is my book.

3. *Das Fürwort (the pronoun)*

(1) Ersetze die unterstrichenen Hauptwörter durch Fürwörter!

This is Jane's bag. (Das ist Janes Tasche.)

This is her bag.

1. This is the twins' dog.
2. This is Stephen's bedroom (Schlafzimmer).
3. This is Emma's satchel (Schultasche).
4. This is the Browns' house.
5. This is Grandpa's newspaper.
6. This is the cat's ball.

(2) Beantworte folgende Fragen mit einer Verneinung!

Is this your shoe, Jane?

No, it isn't my shoe.

7. Is this Mr Brown's umbrella?
8. Is this your room, John and Emma?
9. Is this my ball-point (Kugelschreiber)?
10. Is this the Browns' car?

(3) Wem gehört was?

pen *Whose pen is it?*

It is Stephen's pen. It is his pen.

11. cap
12. car
13. racing-bike (Rennrad)
14. teddy bear
15. dog
16. school
17. skirt (Rock)
18. hat

3.3 Das hinweisende Fürwort (the demonstrative pronoun)

EINZAHL	**this**	man book pencil	**that**	woman box chair
MEHRZAHL	**these**	men books pencils	**those**	women boxes chairs

Bilde die Mehrzahl!

this girl, this shoe, this table, that house, that cat, that man

this — these

bezeichnet etwas ganz in meiner Nähe, das heißt

dieser
diese(s) **HIER**

that — those

bezeichnet etwas in größerer Entfernung von mir, das heißt

jener
jene(s) **DORT**

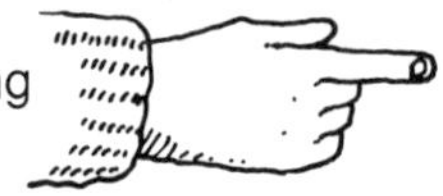

this book

these pencils

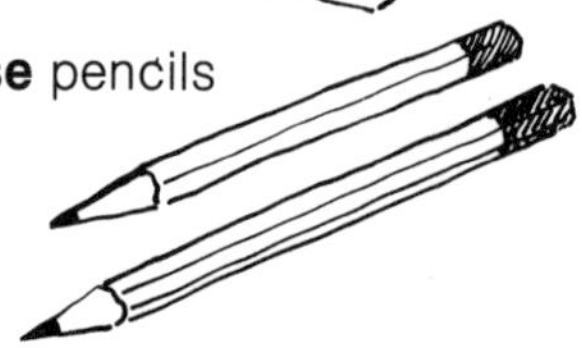

Is **this** your pencil-sharpener?
(Ist **das** dein Bleistiftspitzer?)

What is **this**?

3. Das Fürwort (the pronoun)

Schau die Zeichnungen genau an und bilde dann Sätze!

This is my coat. That is your coat. 

These are my shoes. Those are your shoes. 

 (1) 1.  .... 

2.  .... 

3.  .... 

4.  .... 

(2)  

Is this your umbrella? Yes, that is my umbrella.

Are these your shoes? Yes, those are my shoes.

 5.  ....

6.  ....

7.  ....

8.  ....

4. Hilfszeitwörter (auxiliary verbs)

4.1 am — is — are

(1) **Langform, Kurzform** und **Frageform**

		KURZFORM		FRAGEFORM
EINZAHL	I **am** you **are** he **is** she **is** it **is**	I**'m** you**'re** he**'s** she**'s** it**'s**	ich bin du bist/Sie sind er ist sie ist es ist	**am** I ? **are** you ? **is** he ? **is** she ? **is** it ?
MEHRZAHL	we **are** you **are** they **are**	we**'re** you**'re** they**'re**	wir sind ihr seid/Sie sind sie sind	**are** we ? **are** you ? **are** they?

Die Formen in der ersten Spalte, I am, you are usw., werden beim Sprechen und oft auch beim Schreiben auf I'm, you're usw. gekürzt. Bei der Frage in der letzten Spalte kann dagegen nur die ungekürzte Form verwendet werden:

Is he Austrian? Yes, he **is** / **'s** Austrian.

Bilde Fragen!

I am late.
She is at home.
They are at school.
You are hungry.
He's sleepy.

(2) **Die Verneinung**

		KURZFORM
EINZAHL	I **am not** you **are not** he **is not** she **is not** it **is not**	**I'm not** you **aren't** he **isn't** she **isn't** it **isn't**
MEHRZAHL	we **are not** you **are not** they **are not**	we **aren't** you **aren't** they **aren't**

isn't [iznt]

aren't [ɑ:nt]

Verwende die Kurzform!

I am not English.
She is not my sister.
They are not at home.
We are not late.

Verneine mit der Kurzform!

I am old.
He is my uncle.
It is eight o'clock.
They are my books.

4. Hilfszeitwörter (auxiliary verbs)

My first name (Vorname) is Sandy and my family name is Ford. I am American. I am twelve years old. My brother John is ten years old. My father is an English teacher. My mother is a housewife (Hausfrau). Our two dogs are very nice.

(1) Schreib sieben ähnliche Sätze über Oliver, Angelika und Fritz!

Schreib jetzt ähnliche Sätze über dich selbst!

(2) Jetzt beantworte folgende Fragen! Verwende die Kurzform!

Is Sandy English?

No, she isn't. She's American.

4. Is Mr Ford a doctor?
5. Is Angelika's cat old?
6. Is Fritz's mother a teacher?
7. Is Oliver's family name Schmidt?
8. Are Fritz's dogs small?
9. Are Angelika's parents English?

(3) Beantworte jetzt auf dieselbe Weise die folgenden Fragen über dich selbst!

10. Are you American?
11. Are you in New York now?
12. Are you an old man?

4.2 there is — there are

EINZAHL	**There is**	a book on the table. a child in the garden. a ball under the chair.
MEHRZAHL	**There are**	three books in my schoolbag. twenty children in the class. two pencils on the table.

Auf deutsch:

Es ist ein Buch auf dem Tisch. . . .
Es sind drei Bücher in meiner Schultasche. . . .

Übersetze!

Es ist ein Kind im Auto.
Es sind zwei Katzen im Garten.

Kurzformen

there is	**there's**
there are	**there're**

there is not	**there isn't**
there are not	**there aren't**

Verwende die Kurzform!

There is a pen on the desk.
There is not a book on the desk.
There are twenty children in the class.
There are not thirty children in the class.

Vorsicht!

Gib besonders acht, daß du „there" nicht ausläßt

(1) **bei umgekehrter Wortstellung**

There is a book **on the table.**

On the table there is a book

.... are twenty children **in the class.**

In the class .... are twenty children.

(2) **bei Fragen**

Is there a ball under the chair?

Are .... three books in my schoolbag?

4. Hilfszeitwörter (auxiliary verbs)

(1) Bilde Sätze wie in den Beispielen, und unterstreiche immer das Wort **there**. Gibt acht auf die umgekehrte Wortstellung in der Antwort!

Sitting-room, one chair? No, three.

Is there one chair in the sitting-room?

No, in the sitting-room there are three chairs.

Kitchen, two cookers (Herde)? No, one.

Are there two cookers in the kitchen?

No, in the kitchen there is one cooker.

1. Bedroom, one lamp? No, two.
2. Dining-room (Eßzimmer), one chair? No, eight.
3. Stephen's room, two desks? No, one.
4. Bathroom, two windows? No, one.
5. The twins' room, one bed? No, two.
6. Sitting-room, two carpets (Teppiche)? No, one.

(2) Verwende wie in den Mustersätzen die Kurzformen! Unterstreiche wieder **there**!

Is there a clock in the hall (Vorzimmer)? (kitchen)

No, there isn't. But there's a clock in the kitchen.

Are there two beds in Stephen's room? (the twins' room)

No, there aren't. But there're two beds in the twins' room.

7. Is there a book-case in the dining-room? (sitting-room)
8. Are there two lamps in the bathroom? (bedroom)
9. Is there a cupboard (Schrank) in Jane's room? (Stephen's room)
10. Are there eight chairs in the bedroom? (dining-room)
11. Is there an oven (Backrohr) in the hall? (kitchen)
12. Is there a sofa in the kitchen? (living-room)

4.3 can — must

Hilfszeitwörter wie **can** (können) und **must** (müssen) haben nur **eine** Form für alle Personen. Diese Zeitwörter nennt man auch „Modalzeitwörter" (modal verbs).

EINZAHL	I you he she it	**can/must**	speak German. play the piano. go home. clean up the mess (aufräumen). do the homework. finish now.
MEHRZAHL	we you they		

Übersetze!

Er kann Klavier spielen.
Die Kinder können nach Hause gehen.
Sie kann Fußball spielen.
Ich muß in die Schule gehen.
Wir müssen laufen.

Frageform

Can he speak English?
Can Jane play the violin?

Bilde Fragen!

They can come tomorrow.
He can do his homework.
We can play in the garden.
She must go home now.
I must finish the work.

Verneinung

Jane **cannot** / **can't** play the violin.

Verneine!

They can play handball.
She can play the horn.
I can speak French.

Vorsicht!

Cannot wird immer zusammengeschrieben.
Beim Sprechen verwendet man meistens die Kurzform **can't.**

4. Hilfszeitwörter (auxiliary verbs)

(1) Schau die Bilder genau an und bilde dann Sätze wie im Beispiel!

to speak 

Stephen can speak English, but he can't speak Spanish.

1. to play 

2. to ride 

3. to play 

4. to speak 

5. to play 

6. to make 

7. to drive 

8. to speak 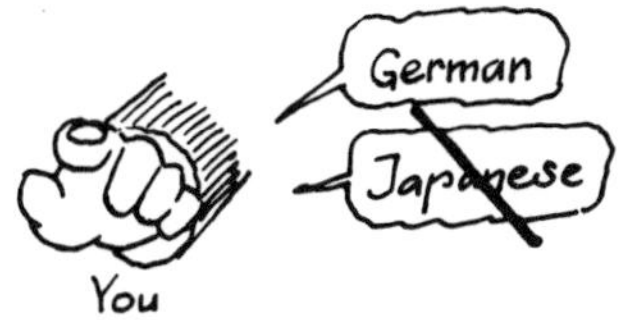

(2) Bilde jetzt mit Hilfe der Bilder Frage und Antwort auf folgende Weise:

Stephen/Spanish?

Can Stephen speak Spanish? No, he can't.

9. twins/tennis?
10. Mr and Mrs Brown/French?
11. Father/a bus?
12. Jane/the violin
13. John/a horse?
14. Grandpa/cakes?
15. you/Japanese?
16. Granny/football?

5. Die Verlaufsform der Gegenwart (the present progressive)

5.1 Was die Verlaufsform der Gegenwart bedeutet und wie sie gebildet wird

Im Gegensatz zum Deutschen gibt es im Englischen zwei verschiedene Möglichkeiten, eine Handlung in der Gegenwart zu beschreiben:

Deutsch	Englisch
Ich **lerne** Englisch. →	I **am learning** English **(present progressive).**
	I **learn** English **(present simple).**

Es ist sehr wichtig, daß du zwischen „I am learning English" und „I learn English" unterscheidest!

„I am learning English" heißt soviel wie: „Ich bin gerade dabei, Englisch zu lernen", das heißt, es beschreibt eine Handlung, die zu einem bestimmten Zeitpunkt, nämlich „jetzt", abläuft und noch nicht abgeschlossen ist.

(Die Bedeutung der Form „I learn English" werden wir in einem späteren Kapitel [8] ausführlich erklären.)

Die Verlaufsform der Gegenwart wird mit **am, is** oder **are** und der **ing**-Form des Hauptzeitwortes gebildet:

I	**am**	learn**ing** English. sitt**ing** on the ground. watch**ing** television (fernsehen). play**ing** with a ball.
He She It	**is**	
We You They	**are**	

Kurzformen:

I'm learning.
He's waiting.
She's watching TV.
It's raining.
We're playing.
You're standing.
They're coming.

Vorsicht!

(1) Endet ein Hauptzeitwort auf ein **stummes „e",** dann fällt dieses beim Anhängen des „ing" weg:

come — coming... like — .... take — .... make — ....

(2) Ein Mitlaut am Wortende wird bei einsilbigen Zeitwörtern **verdoppelt:**

stop — ..stopping.......... drop — .... run — ....

swim — .... hit — .... cut — ....

5. *Die Verlaufsform der Gegenwart (the present progressive)*

Was ist jetzt los? (What is happening now?)

(1) Schau das Bild einmal an und lies dann den Text darunter sorgfältig durch. Unterstreiche dabei mit einem Farbstift die Verlaufsform!

The Brown family is in the garden. Father **is reading** a newspaper and Mother is playing ping-pong with Stephen. Jane is eating an apple. The twins are playing in the tree. Granny and Grandpa are sleeping under the tree. Floppy is watching a cat. The cat is looking at a bird.

(2) Beantworte jetzt folgende Fragen!

Is Mr Brown reading a newspaper or is he reading a book?

He is reading a newspaper.

1. Is Mother playing football or is she playing ping-pong?
2. Is Jane eating a banana or is she eating an apple?
3. Are the twins playing in a tree or are they playing on the grass?
4. Are Granny and Grandpa sleeping in the tree or are they sleeping under the tree?
5. Is Floppy watching a cat or is he watching a tiger?
6. Is the cat looking at a bird or is it looking at Stephen?

5.2 Die Frage

Father **is** reading a newspaper.
Is Father reading a newspaper?
What is Father reading? (**Was** liest Vater?)

The twins **are** playing in the tree.
Are the twins playing in the tree?
Where are the twins playing? (**Wo** spielen die Zwillinge?)

Um die Frage richtig zu bilden, wird das Hilfszeitwort, das heißt **is** oder **are,** an den Anfang des Satzes gestellt. Das Hauptzeitwort, in unseren Beispielen **reading** bzw. **playing,** bleibt jedoch an seiner ursprünglichen Stelle!

Bilde jetzt selbst Fragesätze. Verwende **what** oder **where!**

Mother **is** playing ping-pong.
..Is.. Mother playing ping-pong?
...What... ..is.. Mother playing?

Granny and Grandpa **are** sleeping under the tree.
.... Granny and Grandpa sleeping under the tree?
...Where... .... Granny and Grandpa sleeping?

I **am** learning English.
.... I learning English?
.... I learning?

Jane **is** eating an apple.
.... Jane eating an apple?
.... Jane eating?

The twins **are** sitting in the tree.
.... the twins sitting in the tree?
.... the twins sitting?

5. Die Verlaufsform der Gegenwart (the present progressive)

Schau das Bild sorgfältig an und bilde dann passende Fragen aus den Sätzen unter dem Bild. Verwende **what** oder **where**!

Mary is standing on the teacher's desk. (Where . . .?)

Where is Mary standing?

1. Stephen and John are running through the class. (Where . . .?)
2. Tim is drawing a picture on the blackboard. (Where . . .?)
3. Mike is throwing the duster at Helen. (What . . .?)
4. Jeremy is opening the window. (What . . .?)
5. Nicholas is cutting Ann's exercise-book. (What . . .?)
6. Andrew and Sam are playing football. (What . . .?)
7. Peter is making a paper aeroplane. (What . . .?)
8. Jack and Jill are sitting on the cupboard. (Where . . .?)

5.3 Die Verneinung

Schau noch einmal das Bild auf Seite 63 an!

Is Father reading a book?

No, Father **is not** / **isn't** reading a book. He's reading a newspaper. — he **isn't** [iznt]

Are the twins playing football?

No, the twins **are not** / **aren't** playing football. They're playing in the tree. — they **aren't** [ɑ:nt]

Are you learning French?

No, I **am not** / **'m not** learning French. I'm learning English now.

Vorsicht!

Merke dir, daß bei den Kurzformen das Zeichen **'** bedeutet, daß ein Buchstabe ausgelassen wurde, in diesem Fall der Buchstabe **o**.

Setze jetzt selbst die fehlenden Kurzformen ein!

Is Mother sleeping?

No, Mother ....isn't.... sleeping. ....She's.... playing ping-pong.

Are Granny and Grandpa watching TV?

No, Granny and Grandpa .... watching TV. .... sleeping.

Is the cat looking at Floppy?

No, the cat .... looking at Floppy. .... looking at a bird.

Is Jane eating a banana?

No, Jane .... eating a banana. .... eating an apple.

Is Stephen sleeping?

No, Stephen .... sleeping. .... playing ping-pong.

Are you reading a story?

No, I .... reading a story. .... doing an exercise.

5. *Die Verlaufsform der Gegenwart (the present progressive)*

(1) Schau noch einmal das Bild auf Seite 65 sorgfältig an. Erst dann stelle die folgenden Sätze auf folgende Weise richtig:

Jeremy is closing the window.

No, Jeremy isn't closing the window.
He's opening the window.

1. Tim is taking Stephen's satchel.
2. Jack and Jill are sitting on their chairs.
3. Mike is cleaning (reinigen) the blackboard.
4. Peter is reading a book.
5. Stephen and John are cleaning the floor.
6. Mary is doing her homework.
7. Andrew and Sam are learning English.
8. Nicholas is helping Ann.

(2) Bilde für jeden Satz die richtige Verneinung. Verwende die **Kurzformen**!

I'm learning French.

I'm not learning French.

9. I'm standing.
10. We're learning Spanish.
11. It's raining.
12. You're writing with my pen.
13. The twins are running to school.
14. The sun is shining.
15. We're watching a football match.
16. The cat is playing with Floppy.
17. Father is looking for (suchen) his pipe.
18. I'm beginning this exercise.

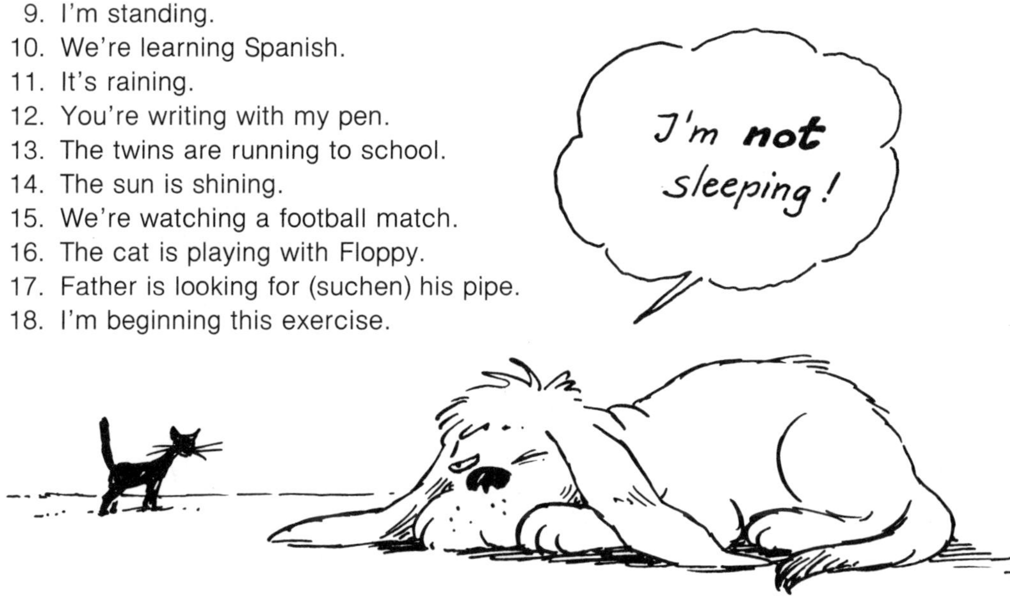

6. Wiederholung (revision): Kapitel 1 bis 5

6.1 Findest du die Unterschiede?

6. *Wiederholung (revision): Kapitel 1 bis 5*

(1) Schau die zwei Bilder auf der gegenüberliegenden Seite sorgfältig an! Kannst du die Unterschiede (es gibt insgesamt 8) finden?
Dann bilde Sätze wie diese:

man — bench

In the first picture there is one man on the bench.
In the second picture there are two men on the bench.

1. woman — car
2. child — grass

woman — eat — apple — banana

In the first picture the woman is eating an apple.
In the second picture she is eating a banana.

3. man — sit — horse — bike
4. children — play — football — tennis
5. old man — read — book — newspaper
6. baby — wear (tragen) — hat — cap

(2) Stelle folgende Sätze richtig!

Superman is Austrian. (Superman ist Österreicher.) (American)

Superman isn't Austrian.
He's American.

7. Micky Mouse is English. (American)
8. Max and Moritz are American. (German)
9. Asterix is Austrian. (French)
10. London is in America. (England)
11. Frankfurt and Berlin are in America. (Germany)
12. Mrs Brown is learning English. (French)
13. Mr Brown is smoking a cigarette. (pipe)
14. The cat is playing with Father's hat. (Mother's shoe)

6. Wiederholung (revision): Kapitel 1 bis 5

6.2 Erster Kontrolltest (first test)

(1) **a** oder **an**?

... man *a man*

... apple *an apple*

1. ... old man
2. ... cowboy
3. ... uniform
4. ... American film
5. ... jacket
6. ... hand
7. ... German book
8. ... Austrian friend
9. ... hour
10. ... big ice-cream

(2) Mit oder ohne **the**?

... breakfast is on ... table.

Breakfast is on the table.

11. ... Aunt Susan is in ... house.
12. Jane must go to ... school today.
13. Jenny can play ... piano.
14. ... Saturday is a nice day.
15. It's late. You must go to ... bed.
16. The Brown family is at ... home.
17. In ... summer it is warm.
18. Where is ... Granny Brown?
19. Ann must go to ... doctor.
20. The children are in ... garden.

(3) Bilde die **Mehrzahl**!

boy

boys

this rose

these roses

21. fly
22. that house
23. knife
24. woman
25. this glass
26. orange
27. that satchel
28. tooth
29. baby
30. this child

(4) Ersetze die unterstrichenen Hauptwörter durch **Fürwörter**!

This is Stephen's satchel.

This is his satchel.

I can't find my shoes.

I can't find them.

31. Where are the twins?
32. This is Ann's book.
33. This letter is for Stephen.
34. I want to see the film.
35. This present is for the twins.
36. I can't find Jane.
37. Please help Thomas and me.
38. These are the twins' coats.
39. This bike is Jane's bike.
40. Here is a letter for Mrs Brown.

(5) Bilde die **Verneinung** und verwende dabei die **Kurzformen**!

This is John's shoe.

This isn't John's shoe.

41. There are many birds in the garden.
42. Jane can speak French.
43. Floppy is running to Father.
44. I'm sitting on the floor.
45. There is a glass on the table.

(6) Bilde **Fragen** wie im Beispiel!

This is your book.

Is this your book?

46. The sun is shining.
47. There is a fly on the window.
48. Father and Stephen are working in the garden.
49. These flowers are for Granny.
50. It is raining at the moment (gerade jetzt).

Bewertung

Für jede richtige Antwort bekommst du 1 Punkt.
45—50 Punkte = Ausgezeichnet!
37—44 Punkte = Gut gemacht!
30—36 Punkte = In Ordnung!
Weniger als 30 Punkte = Mach die Kapitel, die dir Schwierigkeiten bereitet haben, noch einmal!

Zweiter Orientierungstest: Kapitel 7 und 8

Wenn deine Antworten nicht alle richtig ☑ sind, arbeite die angegebenen Seiten gründlich durch!

7. Die Wortstellung

Bilde Sätze mit richtiger Wortstellung. Manchmal gibt es mehr als eine Möglichkeit!

English, twins, the, at school, learn

The twins learn English at school.

- ☐ Jane, buying, at the grocer's, sugar, is
- ☐ at 6 o'clock, Father, home, comes, usually
- ☐ in his desk, Stephen, can't, his book, find

Seiten 74 bis 77

Bilde Fragen mit den angegebenen Fragewörtern!

Father is reading a book. (What . . .?)

What is Father reading?

- ☐ Jane and Emma are drinking orange juice. (What . . .?)
- ☐ Stephen is watching TV in the sitting-room. (Where . . .?)
- ☐ The Browns are working in the garden. (Where . . .?)

Seiten 78 und 79

8. Die einfache Gegenwart

Bilde Sätze in der einfachen Gegenwart!

John (to live) in London.

John lives in London.

- ☐ We (to learn) English at school.
- ☐ Stephen (to do) his homework at school.
- ☐ Floppy often (to carry) his bone.
- ☐ Jane (to go) to school by bus.

Seiten 80 bis 85

Bilde Fragen!

The twins like chocolate.

Do the twins like chocolate?

- ☐ Mother goes shopping in the morning.
- ☐ The twins do their homework after school.
- ☐ John has breakfast at 8 o'clock.
- ☐ The twins go to bed at 9 o'clock.

Seiten 86 bis 89

Bilde Fragen mit den angegebenen Fragewörtern!

Stephen plays the guitar. (What . . .?)

What does Stephen play?

- ☐ Emma meets her friends at school. (Where . . .?)
- ☐ School begins at 9 o'clock. (When . . .?)
- ☐ Stephen does French at school. (What . . .?)
- ☐ Jane has supper at 7 o'clock. (When . . .?)

Seiten 88 und 89

Frage nach den unterstrichenen Wörtern!

Emma likes toast.

What does Emma like?

- ☐ Stephen sees his friends.
- ☐ Father buys a newspaper every day.
- ☐ The twins buy sweets on Saturday.
- ☐ School ends at 4 o'clock.

Seiten 90 und 91

Verneine die Sätze!

Emma learns French.

Emma doesn't learn French.

- ☐ Father leaves the house at 9 o'clock.
- ☐ Stephen drives a car.
- ☐ The Browns live in Birmingham.
- ☐ I learn Japanese.

Seiten 92 und 93

9. „progressive“ oder „simple“?

Jane (to play) the piano now.

Jane is playing the piano now.

The children (to go) to school every day.

The children go to school every day.

- ☐ Look! Floppy (to run) after the cat!
- ☐ Father (to leave) the house at 8.30 every day.
- ☐ The twins (to watch) TV at the moment.
- ☐ The Browns usually (to have) a holiday in summer.

Seiten 94 und 95

7. Die Wortstellung (word order)

7.1 Der englische Satz

Die Wortstellung ist im Englischen sehr wichtig — wichtiger als im Deutschen! Ein Grund dafür ist, daß es im Englischen keine Fallendungen (außer im 2. Fall!) mehr gibt. In der deutschen Sprache kann man die Stellung von Subjekt und Objekt im Satz ändern, und dennoch weiß man aufgrund des Falles, welches Nomen oder Pronomen Subjekt bzw. Objekt ist.

Unterstreiche jeweils das Subjekt (= Satzgegenstand) mit einem **blauen** Buntstift und das Objekt (= Satzergänzung) mit einem **grünen** Buntstift!

	Subjekt (Satzgegenstand)	**Prädikat** (Satzaussage)	**Objekt** (Satzergänzung)
	Der Polizist	fängt	**den** Dieb.
oder:	**Objekt**	**Prädikat**	**Subjekt**
	Den Dieb	fängt	**der** Polizist.

Ob nun „**der** Polizist" (Subjekt, 1. Fall) oder „**den** Dieb" (Objekt, 4. Fall) am Anfang des Satzes steht, der Sinn bleibt unverändert!
Das ist aber im Englischen nicht möglich:

Subject	**Predicate**	**Object**
The policeman	catches	**the** thief.
The thief	catches	**the** policeman.

Der erste Satz hat eine andere Bedeutung als der zweite. Im zweiten Satz ist es der Dieb, der den Polizisten schnappt!
Die Wortstellung ist im Englischen also deshalb so wichtig, weil nur sie anzeigt, wie ein Satz zu verstehen ist.

Das Prädikat kann aus mehreren Wörtern bestehen: aus einem **Hilfszeitwort** (auxiliary verb) und einem **Hauptzeitwort** (verb).

Ich **kann** (Hilfszeitwort) **schlafen** (Hauptzeitwort).
I **can** (auxiliary verb) **sleep** (verb).

Hilfszeitwörter sind im Englischen zum Beispiel: **am, is, are, can, must, have** und **will (shall).**

Vorsicht!

Setze im Englischen immer das **Subjekt vor das Hauptzeitwort!**
Setze im Englischen das **Objekt** immer **gleich hinter das Hauptzeitwort!**

7. Die Wortstellung (word order)

(1) Gliedere die untenstehenden Sätze auf in

S = Subjekt (subject)
P = Prädikat (predicate)
O = Objekt (object)

Wo notwendig, unterteile das Prädikat ferner in

av = Hilfszeitwort (auxiliary verb)
V = Hauptzeitwort (verb)

Stelle eine Tabelle in folgender Form auf:

S	**P**		**O**
	av	**V**	
Stephen	is	making	his bed.
Tim and Joe	–	play	football.

1. The boys are watching television.
2. Stephen is helping Father.
3. The twins are doing their homework.
4. Jane can't play the violin.
5. Emma must clean her shoes.
6. John is riding his bike.
7. We like football.
8. The twins learn biology.

(2) Bilde aus folgenden Wortgruppen Sätze mit richtiger Wortstellung!

her homework, Jane, doing, is

Jane is doing her homework.

9. Stephen, breakfast, must, eat
10. a mouse, catches, the cat
11. his pen, find, can't, Sam
12. socks, making, Granny, is
13. chocolate, the twins, like

7.2 Der englische Satz — Fortsetzung

Wir haben jetzt gesehen, wie der englische Satz gegliedert ist und warum die richtige Wortstellung so wichtig ist. Darüber hinaus mußt du aber noch folgendes wissen:

(1) Nicht jeder Satz hat ein Objekt!

S	P		O
	av	V	
Peter	is	sitting.	—
Father	is	working.	—
The twins	are	sleeping.	—

(2) Wörter und Wortgruppen, die Ort und Zeit einer Handlung angeben, stehen meistens **am Schluß des Satzes,** und zwar Ort vor Zeit!

S	P		O	**Where?** (Wo? Wohin?) **When?** (Wann?)
	av	V		
Peter	is	sitting	—	**on a chair.**
I	am	learning	English	**now.**
The twins	—	play	tennis	**at school.**
I	—	go	—	**to school every day.**

Ort- und Zeitangaben werden **gelegentlich** an den Anfang des Satzes gestellt, besonders dann, wenn sie mehr betont werden sollen:

Now I am learning English.

(3) Einige wichtige Wörter, die die Häufigkeit ohne genauere Bestimmung angeben, werden immer **zwischen Subjekt** (S) und **Hauptzeitwort** (V) gestellt:

S			V	O
I	**always**	(immer)	do	my homework.
	sometimes	(manchmal)		
	usually	(gewöhnlich)		
	often	(oft)		
	never	(nie)		

7. *Die Wortstellung (word order)*

Bilde Sätze mit den angegebenen Wörtern!

(1) Sätze mit **Ort-** und **Zeitangaben**

tennis, twins, play, at school, the

The twins play tennis at school.

1. learn, the twins, German, at school
2. on his bed, is, standing, John
3. go, the children, after school, home
4. learning, am, English, now, I
5. in the kitchen, Emma and John, Mother, helping, are
6. buying, Jane, sugar, is, at the grocer's
7. his book, find, Stephen, in his desk, can't
8. to school, go, at nine o'clock, Emma and John
9. in the garden, play, after lunch, can, we

(2) Sätze mit **always, sometimes, usually, often** oder **never**

always, their homework, do, they

They always do their homework.

10. English, sometimes, learn, I
11. play, often, we, football
12. to London, go, they, often
13. sometimes, Mr and Mrs Brown, to Ireland, go
14. to Scotland, never, go, Granny and Grandpa
15. television, Mr and Mrs Smith, watch, usually
16. ride, the children, often, their bikes

(3) **Vermischte Aufgaben**

17. sometimes, to the grocer's, go, the twins, after school
18. lunch, usually, at one o'clock, have, Jenny and her sister
19. sitting, this afternoon, the Brown family, is, in the garden
20. home, usually, comes, Jane, at five o'clock
21. to the country (aufs Land), the Browns, at the weekend, go, often

7. Die Wortstellung (word order)

7.3 Die Frage

Jetzt können wir die Beispiele, die auf Seite 63 stehen, mit Hilfe einer Tabelle in Subjekt—Prädikat—Objekt aufgliedern:

	S	P		O	Where? When?
		av	V		
	Father	**is**	reading	a newspaper.	
Is	Father		reading	a newspaper?	
What is	Father		reading?		
	The twins	**are**	playing		in the tree.
Are	the twins		playing		in the tree?
Where are	the twins		playing?		

Wir haben gesehen, daß im Englischen das **Subjekt (S) immer vor das Hauptzeitwort (V)** gesetzt werden muß. Indem wir bei der Fragestellung in beiden Beispielen oben einfach das Hilfszeitwort (av) vor das Subjekt gesetzt haben, haben wir die so wichtige Wortfolge von Subjekt (S) — Hauptzeitwort (V) nicht verändert.

Vorsicht!

Was passiert, wenn kein Hilfszeitwort (av) vorhanden ist? Wie bildet man dann die Frage? Denn einfach das Hauptzeitwort vor das Subjekt zu stellen wie im Deutschen (Sie spielen Fußball. — Frage: Spielen sie Fußball?), das geht im Englischen nicht. (Weißt du noch, warum das nicht geht?)
Die Lösung ist sehr einfach: Man „borgt", sozusagen als Aushilfe, das Hilfszeitwort „do" aus!

	S	P		O	Where? When?
		av	V		
	The twins		play	tennis	at school.
Do	the twins		play	tennis	at school?
Where do	the twins		play	tennis?	

So bleibt die Wortfolge von Subjekt (S) — Hauptzeitwort (V) erhalten!

7. Die Wortstellung (word order)

(1) Zeichne selbst eine Subjekt—Prädikat—Objekt-Tabelle und trage dann die einzelnen Sätze sowie die passenden Fragen entsprechend ein!

Jane can watch television this evening.

	S	P		O	Where? When?
		av	V		
	Jane	can	watch	television	this evening.
Can	Jane	–	watch	television	this evening?
What can	Jane	–	watch	–	this evening?
When can	Jane	–	watch	television?	–

1. The twins are doing their homework in their bedroom.
2. The Browns can meet (treffen) their friends this evening.
3. Granny is reading a book in the sitting-room.
4. John must clean his room today.
5. They can play football in the garden.

(2) Setze jetzt die Übung mit folgenden Sätzen, **die kein Hilfszeitwort** (av) haben, fort!

The Browns like ice-cream in summer.

	S	P		O	Where? When?
		av	V		
	The Browns	–	like	ice-cream	in summer.
Do	the Browns	–	like	ice-cream	in summer?
What do	the Browns	–	like	–	in summer?
When do	the Browns	–	like	ice-cream?	–

6. The children go to school every day.
7. The Browns live in London.
8. The twins ride their bikes at the weekend.

8. Die einfache Gegenwart (the present simple)

8.1 Wann verwendet man das „present simple“?

Wir wissen bereits, daß es im Englischen zwei verschiedene Möglichkeiten gibt, eine Handlung in der Gegenwart zu beschreiben:

Ich lerne Englisch → I **am learning** English. (present progressive)
→ I **learn** English. (present simple)

Diese zweite Möglichkeit, das „present simple“, wird dann verwendet, wenn eine Handlung

(1) an **keine bestimmte Zeit** gebunden ist:

I **live** in Vienna.
The twins **go** to the same school.

(2) sich **(häufig) wiederholt:**

Peter and Stephen **often meet** after school.
The children **sometimes go** to the cinema.

(3) Glied einer **Handlungskette** ist, etwa wie Bilder in einem Film oder in einer Bildgeschichte (siehe unten):
The twins **open** the door.

Übersetze!

Die Browns leben in London.
Ich mag (like) Tee.
Ich spreche Deutsch.
Wir essen zu Hause.
Ich gehe manchmal ins Kino.
Ich spiele oft mit meinen Freunden.
Wir trinken oft Milch.
Sie schwimmen im Sommer.

Then they ...go..... into the garden.

Then they .... with a ball.

Then they .... up the tree.

Then they .... their bikes.

Then they .... an ice-cream.

8. *Die einfache Gegenwart (the present simple)*

(1) Lies die folgende Geschichte durch und unterstreiche das „present simple" jedesmal, wenn es vorkommt!

Every year the Browns visit (besuchen) their uncle and aunt. They live in the country near Ashford. The Browns leave (verlassen) their house in London at nine o'clock and catch (nehmen) the ten o'clock train to Ashford. They arrive (ankommen) in Ashford at twelve o'clock. Uncle Fred and Aunt Margaret meet them at the station. Then they drive to Uncle Fred's farm. The children like the farm very much. They usually stay (bleiben) there for a week.

(2) Lies die untenstehenden Sätze, und gib mit einem X an, ob es sich im jeweiligen Satz um ein „present progressive" oder „present simple" handelt.
Übrigens: Die längere Form (I **am learning**) hat auch die längere Bezeichnung, nämlich „progressive"!

	progressive	simple
I am learning English now.	☒	☐
I learn English every day.	☐	☒
1. The Brown children visit their uncle and aunt every year.	☐	☐
2. Look! Mr Brown is talking to his neighbour, Mr Smith.	☐	☐
3. The twins are sitting in the bus.	☐	☐
4. The twins sometimes go home by bus.	☐	☐
5. Stephen and Jane often play ping-pong.	☐	☐
6. Are Stephen and Jane playing ping-pong now?	☐	☐
7. You learn English at school.	☐	☐
8. Are you learning English now?	☐	☐

Look! Floppy **is running** after a hen.
He always **runs** after the hens.

8.2 Wie bildet man das „present simple"?

(1)

I You We They	speak learn like drink	English German. French. tea.
He She It	speak**s** learn**s** like**s**	English. German. sugar.

Bei **I, you, we, they** wird einfach die Nennform ohne „to" verwendet!

We ..learn.. English. (to learn)

The twins .... sweets. (to like)

You .... from Austria. (to come)

I .... in Austria. (to live)

(2) Bei **he, she, it (3. Person Einzahl)** wird an die Nennform ohne „to" **s** bzw. **es** angehängt! Für die Rechtschreibung und Aussprache dieses **s** bzw. **es** gelten dieselben Regeln wie für die Bildung der Mehrzahl mit **s** bzw. **es** beim Hauptwort, das heißt, daß immer „s" angehängt wird mit Ausnahme von

(a) Wörtern, die auf einen Zischlaut enden:

I catch — he catch**es**

(b) Wörtern, die auf Mitlaut + y enden:

I fly — he fl**ies**

Mrs Brown ..likes.. tea. (to like)

Stephen .... the ball. (to catch)

Emma .... the road. (to cross)

Stephen .... the bag. (to carry)

The aeroplane .... in the air. (to fly)

John .... the trumpet. (to play)

Vorsicht!

I, we, you, they	have do go	he, she, it	**has** do**es** go**es**

[dʌz]

Father ..has.... breakfast at seven. (to have)

Stephen .... his homework after school. (to do)

Emma .... to her piano lesson on Tuesday. (to go)

Floppy .... one meal every day. (to have)

Mother .... the shopping in the morning. (to do)

8. *Die einfache Gegenwart (the present simple)*

(1) Unterstreiche das „present simple"!

John says: I **get** up at seven o'clock. Then I have breakfast at half past seven. Then I go to school at half past eight. School begins at nine o'clock. Then I have lunch at one o'clock. Then I go home at three o'clock. Then I do my homework at four o'clock. Then I play with my friends at five o'clock. Then I have supper at seven o'clock. Then I go to bed at nine o'clock.

	John	And you?
get up	7.00	....
have breakfast	7.30	....
go to school	8.30	....
school begins	9.00	....
have lunch	1.00	....
go home	3.00	....
do homework	4.00	....
play with friends	5.00	....
have supper	7.00	....
go to bed	9.00	

(2) Schreib jetzt in die freie Spalte, wann **du** alles machst!

Vielleicht ist die Reihenfolge bei dir anders. Schreib dein tägliches Programm so auf:

I get up at ... Then I have ... Then ...

(3) Jetzt beschreib, was John täglich macht!
Unterstreiche jedesmal das **s** bzw. **es** mit einem Buntstift!

John gets up at seven o'clock. Then he ...

8. Die einfache Gegenwart (the present simple)

8.3 A picture story

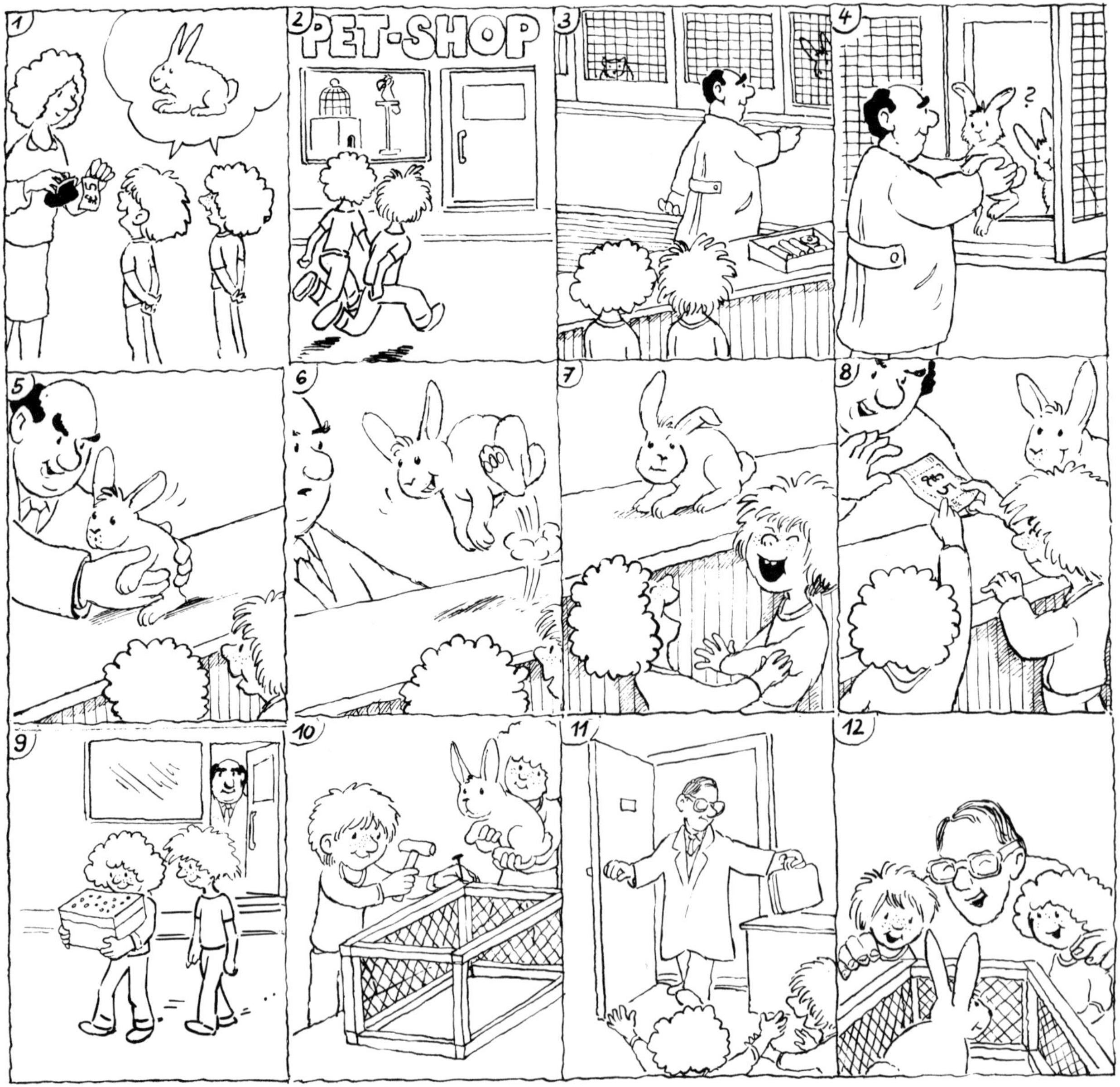

8. *Die einfache Gegenwart (the present simple)*

(1) Schau die Bildgeschichte genau an! Setze dann die angegebenen Zeitwörter in die richtigen Lücken. Vergiß das **s** bzw. **es** nicht, wo es notwendig ist!

to take	to go	to carry (tragen)
to come	to jump (springen)	to put (stellen)
to want	to pay (zahlen)	to like
to run	to laugh [la:f] (lachen)	to make

The twins ...want... a pet.

1. So they .... to the pet-shop (Tierhandlung).
2. The shopkeeper .... to a cage.
3. He .... out a rabbit (Kaninchen).
4. He .... the rabbit on the counter (Ladentisch).
5. The rabbit .... in the air (in die Luft).
6. The twins .... because it is so funny.
7. They .... £ 5. (SPRICH: five pounds[1])
8. They .... the rabbit back home.
9. Then they .... a cage for the rabbit.
10. At six o'clock Father .... home.
11. He .... the rabbit.

(2) Decke jetzt diese Seite zu und versuche, nur mit Hilfe der Bilder die Geschichte selbst zu erzählen. Verbinde die einzelnen Sätze mit „Then . . . Then . . . Then . . .“!

[1] Die englische Geldeinheit „pound“ (= Pfund) entspricht derzeit ungefähr 21 österreichischen Schilling.

8.4 Die Frage

Wir haben bereits gehört (Seite 78), daß im Englischen auch in Fragesätzen die Wortstellung Subjekt (S) — Hauptzeitwort (V) — Objekt (O) erhalten bleiben muß. Um die Frage zu bilden, „borgt" man daher das Hilfszeitwort „do" aus. Kommt noch ein Fragewort wie „what", „where" oder „when" dazu, dann wird dieses vor das „do" an den Anfang des Satzes gestellt:

		S	P		O	Where? When?
			av	V		
		You		like	coffee.	
	Do.......	you.......		like	coffee..........?	
What	do.......	you.......		like?		
		The twins		learn	German	at school.
	Do.......	....		....	....	..........................?
What	do.......	....		....		..........................?
Where	do.......	....		....	...............................?	
		They		do	their homework	after school.
	....	....		....	....	..........................?
What	....	....		....		..........................?
When	....	....		....	...............................?	

Vorsicht!

Im letzten Beispiel (They **do** their homework) wird das Zeitwort „to do" als Hauptzeitwort (= machen) verwendet. Somit kommt es im Fragesatz zu einer **zweifachen Verwendung von „do"** in der Fragestellung, nämlich einmal als Hilfszeitwort am Anfang der Frage und einmal als Hauptzeitwort (V) nach dem Subjekt (S)! Das heißt: Das Hilfszeitwort „do" hat keine eigene Bedeutung. Es zeigt lediglich an, daß es sich um einen Fragesatz handelt.

8. *Die einfache Gegenwart (the present simple)*

(1) Versuche jetzt, diesmal jedoch ohne die Tabelle zu verwenden, einfache Fragen zu bilden. Unterstreiche bei jeder Frage das Hilfszeitwort **do** und das **Hauptzeitwort** (V)!

Mr and Mrs Brown live in London.

Do Mr and Mrs Brown live in London?

1. The Brown children go to school at 8.30.
2. The twins wear (tragen) a uniform.
3. The children have toast for breakfast.
4. The twins go to bed at nine o'clock.
5. Granny and Grandpa like London.
6. The children do (hier „do" = lernen) German at school.
7. Jane and her friend Mary play the piano.
8. The Browns go to the seaside in August.
9. The twins do their homework at home.

(2) Bilde die Fragen noch einmal, diesmal aber mit „what", „where" oder „when" am Anfang. Unterstreiche auch diesmal das Hilfszeitwort **do** und das **Hauptzeitwort**!

Mr and Mrs Brown live in London. (Where . . .?)

Where do Mr and Mrs Brown live?

10. The Brown children go to school at 8.30. (When . . .?)
11. The twins wear a uniform. (What . . .?)
12. The children have toast for breakfast. (What . . .?)
13. The twins go to bed at nine o'clock. (When . . .?)
14. Granny and Grandpa like London. (What . . .?)
15. The children do German at school. (Where . . .?)
16. Jane and her friend Mary play the piano. (What . . .?)
17. The Browns go to the seaside in August. (Where . . .?)
18. The twins do their homework at home. (Where . . .?)

8.5 Die Frage — 3. Person Einzahl

[dʌz]

	S	P (av)	P (V)	O
	Floppy		like**s**	his bone.
Do**es**	Floppy		like	his bone?
	Emma		learn**s**	German.
Do**es**	Emma		learn	German?
	John		catch**es**	the ball.
Do**es**	John		catch	the ball?

Wir haben bei der Bildung des „present simple" (Seite 82) gesehen, daß bei der 3. Person Einzahl immer **s** oder **es** angehängt wird. Wie wird nun die Frage gebildet? Schau die Tabelle oben noch einmal sorgfältig an. Was passiert mit dem **s** bzw. **es**?

> Das **s** bzw. **es** fällt beim Hauptzeitwort (V) weg und wird vom Hilfszeitwort **do** übernommen. So ergibt sich do + (e)s = **does**. (Aussprache: [dʌz])

Übe selbst einmal mit folgenden Sätzen!

Peter likes orange juice.

Does Peter like orange juice?

Emma brushes her hair (bürstet sich das Haar).

.... Emma .... her hair?

Mr Brown goes to London.

.... Mr Brown .... to London?

John does his homework.

.... John .... his homework?

Mother does the shopping.

.... Mother .... the shopping?

8. *Die einfache Gegenwart (the present simple)*

(1) Bilde jetzt Fragen in der 3. Person Einzahl. Unterstreiche wieder das Hilfszeitwort, diesmal **does,** und das **Hauptzeitwort**!

Granny Brown lives in Cambridge.

Does Granny Brown live in Cambridge?

1. Mr Brown works in a bank.
2. John gets up at seven o'clock.
3. Emma meets her friends in front of (vor) the school.
4. John does biology at school.
5. School begins at nine o'clock.
6. John has lunch at school.
7. Emma likes mathematics (Mathematik).
8. John plays with his friends in the lunch-break (Mittagspause).
9. He does his homework after school.
10. Stephen listens to records (Schallplatten) in the evening.

(2) Bilde jetzt noch einmal Fragen, diesmal jedoch mit „what", „when" oder „where" am Anfang. Unterstreiche auch diesmal das Hilfszeitwort **does** und das **Hauptzeitwort**!

Granny Brown lives in Cambridge. (Where . . .?)

Where does Granny Brown live?

11. Mr Brown works in a bank. (Where . . .?)
12. John gets up at seven o'clock. (When . . .?)
13. Emma meets her friends in front of the school. (Where . . .?)
14. John does biology at school. (What . . .?)
15. School begins at nine o'clock. (When . . .?)
16. John has lunch at school. (Where . . .?)
17. Emma likes mathematics. (What . . .?)
18. John plays with his friends in the lunch-break. (When . . .?)
19. He does his homework after school. (What . . .?)
20. Stephen listens to records in the evening. (When . . .?)

8.6 „who" und „what" als Subjekt und als Objekt

Die Fragewörter **who** und **what** können sowohl nach dem Subjekt als auch nach dem Objekt des Satzes fragen. Der Unterschied läßt sich nur aufgrund der Wortstellung feststellen. Studiere einmal sorgfältig folgende Tabelle:

	S	P		O	
		av	V		
	Peter		sees	John.	
	Who		sees	John?	→ Antwort: Peter (= **Subjekt**)
Who does	Peter		see ?	→	Antwort: John (= **Objekt**)
	The cat		eats	the mouse.	
	What		eats	the mouse?	→ Antwort: The cat (= **Subjekt**)
What does	the cat		eat ?	→	Antwort: The mouse (= **Objekt**)

Du siehst also: Wenn nach dem **Subjekt** des Satzes gefragt wird, kommt „who" bzw. „what" einfach an die Stelle des Subjekts „Peter" bzw. „the cat", das heißt: **keine Umschreibung mit „do" oder „does"!** Wird aber nach dem **Objekt** des Satzes (das heißt „John" bzw. „the mouse") gefragt, dann mußt du die **Umschreibung** verwenden. Setze jetzt die Tabelle selbst fort!

	Mary		likes	Stephen.	
	....		....	....	→ Antwort: .... (= ....)
....	....		....	→	Antwort: .... (= ....)
	John		meets	Susan.	
	Who		likes	Stephen?	→ Antwort: Mary (= Subjekt)
Who does	Mary		like?	→	Antwort: Stephen (= Objekt)
	The bird		sees	the cat.	
	....		....	....	→ Antwort: .... (= ....)
....	....		....	→	Antwort: .... (= ....)

Anmerkung: „who" in der Frage nach dem Objekt wird manchmal auch „who**m**" geschrieben. „whom" war früher üblich, wird heute aber immer weniger verwendet.

8. *Die einfache Gegenwart (the present simple)*

(1) **who** und **what** — Subjekt oder Objekt?
Bilde Fragen, die das jeweils unterstrichene Wort als Antwort ergeben. Gib auch an, ob es sich dabei um das **Subjekt** oder das **Objekt** des Satzes handelt!

Mary likes Stephen.
Who does Mary like? (Objekt)

Mary likes Stephen.
Who likes Stephen? (Subjekt)

1. Jane meets her friend.
2. Jane meets her friend.
3. Father buys a newspaper.
4. Father buys a newspaper.
5. The postman rings (läuten) the bell.
6. Emma loses (verlieren) her books.
7. Stephen sees Jim and Frank.
8. Father finds his watch.

(2) Bilde Fragen mit **when, where, who** oder **what,** die das jeweils unterstrichene Wort bzw. die unterstrichene Wortgruppe als Antwort ergeben!

John goes to school at eight o'clock.
When does John go to school?

9. Emma puts her coat in the cupboard (gibt ihren Mantel in den Schrank).
10. John likes his new shoes.
11. Father watches television in the evening.
12. Mother drinks coffee for breakfast.
13. The Browns eat supper at seven o'clock.
14. Mother meets Mrs Jenkins in the street.
15. Granny Brown lives in Cambridge.
16. Mother does the shopping before lunch.

8.7 Die Verneinung

Wie bei der Frage wird bei der Verneinung die Umschreibung mit **do** bzw. **does** verwendet, wenn der Satz kein Hilfszeitwort (z. B. to be, can, must) aufweist!

I We You They	**do not** **(don't)**	like coffee. speak French. play football. learn English. live here.
He She It	**does not** **(doesn't)**	

Die **Kurzformen**

[dəunt] **don't** = do not

[dʌznt] **doesn't** = does not

sind im gesprochenen Englisch üblich.

do not oder **does not**?

The Browns ..do not...... live in Scotland.

Stephen .... play the piano.

I .... understand (verstehen).

The twins .... get up at six o'clock.

The cat .... like Floppy.

Setze die richtige Kurzform ein. Achte darauf, daß du das **'** bei den Wörtern **don't** und **doesn't** an der richtigen Stelle hast, das heißt an der Stelle des ausgelassenen **o**!

Emma ..doesn't.... like coffee.

Mr and Mrs Brown .... live in Austria.

John .... play football every day.

I .... go to school on Sunday.

Mother .... smoke a pipe.

We .... understand you.

You .... speak Russian (Russisch).

The neighbour's cat .... like Floppy.

8. *Die einfache Gegenwart (the present simple)*

(1) Bilde die Verneinung! Wo es sich um eine **3. Person Einzahl** handelt, unterstreiche das **es**!

Granny Brown drives a car.

Granny Brown doesn't drive a car.

1. The sun shines at night.
2. Elephants live in trees.
3. My English friend speaks German.
4. Birds fly in the water.
5. Jane washes her clothes on Saturday.
6. Father works in a garage.
7. Stephen and John sleep in the same room.
8. Mother goes to work in the evening.

(2) Verwende die folgenden Wortgruppen, um Sätze wie im Beispiel zu bilden. Unterstreiche das **s** bzw. **es** bei der 3. Person Einzahl!

Uncle David/like/tea/not coffee

Uncle David likes tea, but he doesn't like coffee.

9. Father/smoke/a pipe/not cigarettes
10. The twins/learn/biology/not chemistry (Chemie)
11. Jane/play/the piano/not the violin
12. The twins/wear/caps/not hats
13. The children/ride/bikes/not horses (Pferde)
14. Floppy/like/beer/not wine
15. Granny/make/pullovers/not socks
16. Emma and John/play/badminton (Federball)/not tennis
17. John/understand/German/not Russian
18. Mother/bake/cakes/not bread

9. Wiederholung (revision): Kapitel 5 und 8

9.1 Die Gegenwart — „progressive“ oder „simple“?

Versuchen wir jetzt zusammenzufassen, was wir in Kapitel 5 über die „progressive form“ und in Kapitel 8 über die „simple form“ gelernt haben:

Progressive form

(1) beschreibt eine Handlung, die zu einem bestimmten Zeitpunkt, nämlich **jetzt,** abläuft und noch nicht abgeschlossen ist:

I **am learning** English **now.**
Today John **is sitting** at the front.
Look! Floppy **is running** after the cat.

Merke dir Signalwörter wie **now, look!, today, at the moment!**

(2) wird verwendet, um **ein einzelnes Bild** zu beschreiben, denn auch hier handelt es sich um einen ganz bestimmten Zeitpunkt:

He **is eating.**

Simple form

(1) beschreibt eine Handlung, die an **keine bestimmte Zeit** gebunden ist bzw. sich (häufig) **wiederholt:**

I **learn** English **every day.**
Usually John **sits** at the back.
Floppy **always runs** after the cat.

Merke dir Signalwörter wie **every day, usually, always, often!**

(2) wird für dasselbe Bild, in eine Bildgeschichte eingegliedert, verwendet, denn in diesem Fall ist nicht ein bestimmter Zeitpunkt entscheidend, sondern die **Handlungskette:**

He **sits** down.
He **eats.**
He **gets** up.

(3) Die „simple form“ drückt aus:

langes **Andauern**
(They **live** in London),
allgemeine Gültigkeit
(The sun **rises** in the east)
und **Gefühle** (She **likes** tea).

9. Wiederholung (revision): Kapitel 5 und 8

(1) **progressive** oder **simple**?

Bei den folgenden Sätzen ist in den Klammern nur die Nennform angegeben. Du mußt entscheiden, ob die „progressive form" oder die „simple form" für den jeweiligen Satz richtig ist. Achte dabei besonders auf **Signalwörter!**

John usually (to go) to school by bus.

John usually goes to school by bus.

Look! Mary (to play) chess with Stephen.

Look! Mary is playing chess with Stephen.

1. I (to do) an exercise now.
2. We usually (to have) an English lesson on Thursday.
3. Mrs Brown often (to go) to the grocer's.
4. Look! Floppy (to run) after the cat!

(2) **Verneinung: progressive** oder **simple**?

Emma (not, to watch) television at the moment.

Emma is not watching television at the moment.

Mr and Mrs Brown (not, to live) in Hamburg.

Mr and Mrs Brown do not live in Hamburg.

5. Mr Brown (not, to smoke) cigarettes.
6. The twins (not, to ride) their bikes at the moment.
7. Jane (not, to clean) dishes (abwaschen) now.
8. The children (not, to go) to school on Sundays.

(3) **Frage: progressive** oder **simple**?

Jane (to sit) in the garden now?

Is Jane sitting in the garden now?

Mr Brown (to like) beer?

Does Mr Brown like beer?

9. Grandpa (to sleep) at the moment?
10. The twins (to walk) home today?
11. The Smiths (to live) next to the Browns?
12. Grandpa (to like) toast for breakfast?

9.2 A picture story

Mrs Brown goes shopping

9. *Wiederholung (revision): Kapitel 5 und 8*

(1) Beantworte die folgenden Fragen! Manche Fragen sind in der „progressive form“, andere wiederum in der „simple form“. Gib darauf acht, daß deine Antwort immer in **derselben Form** ist wie die Frage! Bevor du zu schreiben anfängst, lies alle Fragen sorgfältig durch und unterstreiche die „progressive form“ mit einem blauen Buntstift und die „simple form“ mit einem grünen Buntstift!

What is Mrs Brown doing in picture 1?

She is leaving the house.

What does she do then? (traffic lights)

Then she walks to the traffic lights.

1. What is she doing in picture 2?
2. What does she do then?
3. What is she doing in picture 3?
4. What does she do then? (road)
5. What is she doing in picture 4?
6. What does she do then? (some bread)
7. What is she doing in picture 5?
8. What does she do then? (bone for Floppy)
9. What is she doing in picture 6?
10. What does she do then? (friend)
11. What does she do then? (a cup of coffee)
12. What does she do then? (home)
13. What is she doing in picture 7?
14. What is she doing in picture 8?
15. What is she doing in picture 9?

(2) Decke jetzt diese Seite zu und versuche, nur mit Hilfe der Bilder selbst die Geschichte zu erzählen. Fang an mit:

Mrs Brown leaves the house. Then . . . Then . . .

Es handelt sich hier um eine fortlaufende Geschichte, um eine Handlungskette. Verwende daher durchgehend dieselbe Form! Nämlich? Richtig: die „simple form“!

9.3 Zweiter Kontrolltest (second test)

(1) **Bilde Sätze mit richtiger Wortstellung!** (je 2 Punkte)

1. shining, today, is, the sun
2. records (Schallplatten), in his room, Stephen, is, playing
3. in the garden, often, Father, at the weekend, works
4. from school, the children, at four o'clock, come back
5. in the window, a cat, black, sitting, is

(2) **Bilde Sätze in der einfachen Gegenwart!** (je 1 Punkt)

6. The twins (to have) supper at seven o'clock.
7. Father (to work) in a bank.
8. The Browns (to live) in a house in London.
9. The grandparents (Großeltern) often (to visit) the Browns.
10. Stephen usually (to go) to a football match on Saturday.
11. Emma (to do) biology at school.

(3) Emma beschreibt, was sie nach der Schule macht. Schreib die Sätze noch einmal **in der 3. Person Einzahl:** Emma . . . Then she . . . Then she . . .! (je 1 Punkt)

12. I finish school at four o'clock. (Emma . . .)
13. Then I usually meet my friends Jenny and Kate. (Then she . . .)
14. Then I go home through the park.
15. Sometimes I buy some sweets (Zuckerln) or a pencil at a shop.
16. I arrive home at four o'clock.
17. Then I have some tea.
18. Then I do my homework.
19. Then I play in the garden with John.

(4) **Frage nach den unterstrichenen Wörtern!** (je 2 Punkte)

20. John likes <u>cocoa</u>.
21. <u>Emma</u> likes chocolate.
22. The twins wear a uniform <u>at school</u>.
23. Jane goes to her piano lesson <u>on Monday afternoons</u>.
24. The twins do <u>their homework</u> after school.
25. Mother washes the clothes <u>on Mondays</u>.

9. Wiederholung (revision): Kapitel 7 und 8

(5) **Verneine folgende Sätze!** (je 2 Punkte)

26. Mother does the shopping in the evening.
27. Elephants live in trees.
28. Stephen and John go to the same school (dieselbe Schule).
29. Father understands Japanese.
30. Stephen drives a car.

(6) Gib mit einem X an, ob es sich um **present progressive** oder **present simple** handelt! (je 1 Punkt)

	progressive	simple
31. The children are playing a game.	☐	☐
32. Father often smokes a pipe.	☐	☐
33. Granny and Grandpa live in Cambridge.	☐	☐
34. We are learning English now.	☐	☐

(7) **Present progressive** oder **present simple**? (je 2 Punkte)

35. Floppy (to sleep) in the sun now.
36. Floppy often (to sleep) in the sun.
37. Hallo John! What you (to do)? **(Frage!)**
38. Jane (not, to go) to a piano lesson every day. **(Verneinung!)**
39. Please be quiet! The children (to work)!

Bewertung

52—60 Punkte = Ausgezeichnet!
46—51 Punkte = Gut gemacht!
38—45 Punkte = In Ordnung!
Unter 37 Punkten = Mach die Kapitel, die dir Schwierigkeiten bereitet haben, noch einmal!

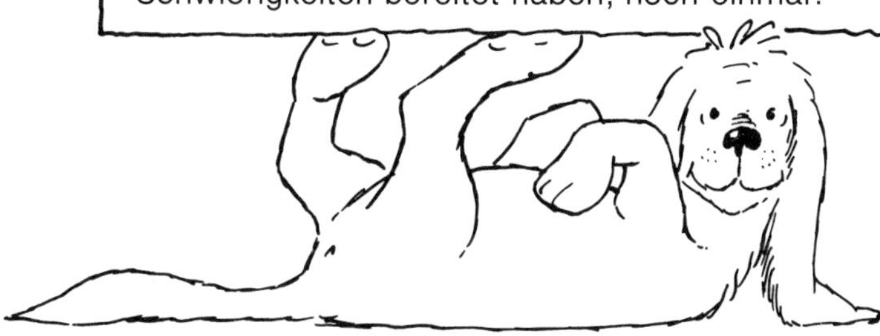

Dritter Orientierungstest: Kapitel 10 bis 14

Wenn deine Antworten nicht alle richtig ☑ sind, arbeite die hier angegebenen Seiten gründlich durch!

10. Die Steigerung

Bilde die Steigerungsformen!

fast

faster – the fastest

- ☐ nice
- ☐ thin
- ☐ easy
- ☐ beautiful
- ☐ careful
- ☐ good
- ☐ short
- ☐ much

Seiten 102 und 103

11. Die Zukunft

Setze die richtigen Formen der Zukunft ein!
Verwende — wenn möglich — die Kurzformen!
Achte auf Fragen bzw. Verneinungen!

I (to see) him tomorrow.

I'll see him tomorrow.

- ☐ It (to be) cold tomorrow.
- ☐ Your friends (to arrive) soon.
- ☐ They (to go) away next week.
- ☐ John (to go) to the doctor tomorrow?
- ☐ You (to help) me with my homework?
- ☐ It not (to rain) tomorrow.
- ☐ I not (to finish) my work today.
- ☐ When Emma (to come) home?

Seiten 104 bis 107

Verwende „going to"!
Achte auf Fragen bzw. Verneinungen!

I (to visit) my friends.

I am going to visit my friends.

- ☐ Tomorrow Stephen (to play) football.
- ☐ It (to be) fine weather next week.
- ☐ The Browns (to visit) Granny and Grandpa.
- ☐ What you (to do) tomorrow?
- ☐ John (to go) to school?
- ☐ The man (to fall) into the water!
- ☐ Stephen not (to meet) his friends this evening.
- ☐ It not (to rain) today.

Seiten 108 und 109

12. Die Befehlsform

Übersetze!	☐ Schließ das Fenster, bitte! ☐ Fangen wir an! ☐ Bitte nicht weggehen! ☐ Komm her!

Seiten 110 und 111

13. have — have got

Wo das möglich ist, schreib den Satz noch einmal **mit** „got"! John has a dog. John has got a dog. John has lunch at school. —	☐ We have lunch at one o'clock. ☐ Emma has a cold. ☐ The house has four rooms. ☐ Floppy has a bath every week. ☐ Granny and Grandpa have a house in Cambridge. ☐ Has Mr Brown a car? ☐ Do the children have lunch at school?

Seiten 112 und 113

14. Kurzantworten

Bilde passende Kurzantworten! Is it your book? Yes, . . . Yes, it is.	☐ Are they John's shoes? Yes, . . . ☐ Are they Emma's shoes? No, . . . ☐ Can you help me? No, . . . ☐ Has he got a cold? Yes, . . . ☐ Does Stephen live in London? Yes, . . . ☐ Does he live in Bonn? No, . . . ☐ Is there some milk? Yes, . . . ☐ Will he come tomorrow? No, . . .

Seiten 114 und 115

Die Steigerung (comparison)

Es gibt im Englischen zwei Möglichkeiten, die Steigerungsformen zu bilden:

(1) Ein- und zweisilbige Eigenschaftswörter werden mit der Endung **er** und der Endung **est** gesteigert:

Bilde die Steigerungsformen!

fast	fast**er**	the fast**est**	*slow, short, old,*
cold	cold**er**	the cold**est**	*small, clean, long*

An Wörter, die auf **e** enden, wird nur **r** bzw. **st** angehängt:

larg**e**	larg**er**	the larg**est**	*late*
nic**e**	nic**er**	the nic**est**	

Steht bei einsilbigen Eigenschaftswörtern **ein** Mitlaut am Ende, wird er verdoppelt:

thi**n**	thi**nn**er	the thi**nn**est	*fat, hot*
bi**g**	bi**gg**er	the bi**gg**est	

Endet ein Wort auf Mitlaut + y, so wird dieses vor **er, est** in **i** verwandelt:

hea**vy**	hea**vi**er	the hea**vi**est	*happy, dirty, busy*
ea**sy**	ea**si**er	the ea**si**est	

(2) Eigenschaftswörter mit drei oder mehr Silben werden mit **more** und **most** gesteigert:

beautiful	**more** beautiful	the **most** beautiful	*expensive, difficult*
interesting	**more** interesting	the **most** interesting	

Auch einige zweisilbige Wörter mit der Endung **ful** gehören in diese Gruppe:

careful	**more** careful	the **most** careful

Vorsicht!

Unregelmäßig werden folgende wichtige Wörter gesteigert:

good	**better**	the **best**
bad	**worse** [wə:s]	the **worst** [wə:st]
much } many }	**more**	the **most**

10. *Das Eigenschaftswort (the adjective)*

Vorsicht!

Nicht th**a**n (= als)
mit th**e**n (= dann) verwechseln!

(1) Vergleiche!

Mary is good at maths. Jane is not good at maths.

Mary is better at maths than Jane.

1. Jim is tall. Sandy is not tall.
2. A sportscar is fast. A bus is not very fast.
3. The blue pencil is thin. The red ball-point is not thin.
4. Jane is busy. Stephen is not busy.
5. This picture is beautiful. That picture is not beautiful.
6. Emma is careful. John is not careful.
7. English is difficult. German is very difficult.
8. Mary's homework is bad. Stephen's homework is very bad.

(2) Bilde Vergleiche wie im Beispiel!

car, bike, aeroplane **(fast)**

A car is faster than a bike, but an aeroplane is the fastest.

9. hut (Hütte), palace (Palast), house **(big)**
10. shirt, tie (Krawatte), suit (Anzug) **(expensive)**
11. ping-pong ball, tennis ball, football **(heavy)**
12. April, March, July **(warm)**
13. New York, Vienna, Berlin **(large)**
14. dog, mouse, horse **(strong)**
15. motorbike (Motorrad), car, aeroplane **(noisy)** (laut)

Und wie verhalten sich **deiner Meinung nach** die folgenden zueinander?

16. English, mathematics, biology **(difficult)**
17. Asterix, Karl May, Superman **(interesting)**
18. Bayern München, Rapid, Liverpool **(good)**

11. Die Zukunft (the future)

11.1 Die Bildung der Zukunft

I We	**shall/will**	see Mr Smith come finish go away be fine	**soon** (bald). **tomorrow.** **next week** (nächste Woche).
He She It You They	**will**		

Setze „shall" bzw. „will" ein!

Tomorrow I shall *see him.*

He .... give it to you soon.

They .... meet you next week.

We .... finish soon.

It .... rain tomorrow.

Bei der 1. Person (**I** bzw. **we**) verwenden viele Engländer noch **shall!**

I **shall** see him tomorrow.

Dieses „shall" wird aber von immer mehr Engländern durch **will** ersetzt!

I **will** give it to you tomorrow.

Die Kurzform

I We He She It You They	**'ll**	see Mr Smith come finish go away be fine	**soon.** **tomorrow.** **next week.**

Verwende die Kurzform!

Tomorrow we 'll *be late.*

She .... come back soon.

I .... see you later.

They .... go away next week.

Hurry! You .... miss the bus!

Vorsicht!

Das **'ll** ist die Abkürzung für **will** und ist in der gesprochenen Sprache die übliche Form. Sei vorsichtig bei der Aussprache: Das [l] wird einfach angehängt. Zum Beispiel:

I [ai] — **I'll** [ail] Nicht verwechseln mit **ill** [il] (krank)!
we [wi:] — **we'll** [wi:l] Nicht verwechseln mit **well** [wel] (gut)!

11. Die Zukunft (the future)

(1) Bilde passende Sätze wie im Beispiel:

Today it is 12th June. (Tomorrow)

Tomorrow it will be 13th June.

1. Today it is 6th February. (Tomorrow)
2. Today it is 24th October. (The day after tomorrow)
3. Today it is 13th September. (Tomorrow)
4. Today it is Monday, 17th March. (On Wednesday)
5. Today it is Friday, 26th July. (On Sunday)
6. Today it is Tuesday, 1st January. (On Thursday)
7. Today it is Saturday, 30th August. (Tomorrow)
8. Today it is Monday. (The day after tomorrow)

(2) Verwende in dieser Übung die **Kurzform!**

I hope I (to see) him tomorrow. (Ich hoffe, ich sehe ihn morgen.)

I hope I'll see him tomorrow.

9. I hope she (to catch) her bus.
10. I hope they (to come) next week.
11. I hope he (to finish) soon.
12. I hope it (to be) sunny tomorrow.
13. I hope we (to pass) (durchkommen) the test.
14. I hope you (to bring) your guitar.
15. I hope I (to get) my pocket money (Taschengeld) soon.
16. I hope it (to be) warm in the house.
17. I hope they (to like) the party.
18. I hope he (to sing) a song.

11.2 Frage und Verneinung

Die Frage

	S	P (av)	P (V)	O	Where? When?	
	Mr Brown	**will**	come		tomorrow.	
Will	Mr Brown		come		tomorrow?	Frage
When **will**	Mr Brown		come?			nach dem
	Who	**will**	come		tomorrow?	**Subjekt!**
	John	**will**	meet	Emma	at the cinema.	
Will	....		....	....	............................?	
Where	....		....	.............?		Frage
Who	....		....		............................?	nach dem **Objekt!**
	....	....	....	....	............................?	**Subjekt!**

Die Verneinung

I We	**shan't**	come leave finish be fine go	tomorrow. soon. this evening. on Sunday.
He She It You They	**will not/ won't**		

Setze „shan't" bzw. „won't" ein!

I shan't *finish my work today.*

It .... rain tomorrow.

They .... understand you.

We .... forget (vergessen).

Won't ist die Kurzform für **will not.** Sie ist im gesprochenen Englisch die übliche Form. Die Aussprache [wəunt] reimt sich mit **don't.** Bei **I** und **we** wird noch häufig die Kurzform **shan't** verwendet. Die Aussprache [ʃɑ:nt] reimt sich mit **can't** bzw. **aunt.**

11. Die Zukunft (the future)

(1) Bilde Fragen mit **who, what, when** oder **where,** die das unterstrichene Wort bzw. die unterstrichene Wortgruppe als Antwort ergeben!

Mrs Brown will go to Cambridge next week.

Who will go to Cambridge next week?

Emma will go to the cinema this evening.

When will Emma go to the cinema?

1. It will be very cold tomorrow.
2. The Browns will go to Greece (Griechenland) in summer.
3. Emma will finish her homework soon.
4. We will get (bekommen) a new teacher next year.
5. The next train will leave at six o'clock.
6. I will finish this exercise soon.
7. Aunt Margaret will ring up (anrufen) Mother at nine o'clock.
8. Stephen will be at home at seven o'clock.

(2) Bilde Sätze wie im Beispiel!

Emma usually goes to school by bus. Tomorrow she will walk.

Emma usually goes to school by bus, but tomorrow she won't go by bus. She'll walk.

9. Jane usually has a piano lesson on Monday. Next Monday she will be at the seaside (am Meer).
10. The Browns often go to the country at the weekend. Next weekend they will stay in London.
11. I usually do my homework at home. Tomorrow I will do it at my friend's house.
12. The Browns usually have a holiday (Urlaub verbringen) in Spain. This summer they will go to Greece.
13. Stephen usually plays football on Saturday afternoon. Next Saturday he will go to the cinema.

11.3 Die Bildung der Zukunft mit „going to“

I **am (I’m)**		
He **is (He’s)** She **is (She’s)** It **is (It’s)**	**going to**	go home. meet a friend. watch TV. come home. miss the bus (den Bus verpassen).
We **are (We’re)** You **are (You’re)** They **are (They’re)**		

Die „going to“-Zukunftsform wird häufig verwendet, vor allem dann, wenn es sich um eine **Absicht** oder um etwas **sehr Wahrscheinliches** handelt:

> I’m going to see a film this evening.
> Ich werde heute abend einen Film sehen = Ich habe vor, heute abend einen Film zu sehen.

Setze das richtige Hilfszeitwort + „going to“ ein!

He ...is going to... *meet a friend.*

I .... *have lunch.*

We .... *watch TV.*

She .... *read a book.*

Übersetze!

Ich habe vor, im Garten zu spielen.
Er hat vor, Englisch zu lernen.
Wir haben vor, ins Kino zu gehen.
Sie haben vor, nach Spanien zu fliegen (to fly).

Vorsicht!

Bei dieser Zukunftsform kann das Zeitwort „go“ zweimal hintereinander in verschiedener Bedeutung vorkommen:

> He’s **go**ing to **go** home soon.

Kurzform: I ..’m....... going to meet John this evening.

She .... going to go to Austria next year.

We .... going to have a party soon.

Frage: ..Are..... you going to meet John this evening?

.... she going to go to Austria next year?

.... we going to have a party soon?

Verneinung: No, I ..’m...not....... going to meet John this evening.

No, she .... going to go to Austria next year.

No, we .... going to have a party soon.

11. *Die Zukunft (the future)*

(1) **Was wird gleich passieren? (What is going to happen?)**

man/fall/water

The man is going to fall into the water.

1. girl/eat/ice-cream
2. dog/come out of/water
3. boy/hit/ball
4. it/rain
5. two men/get into/bus
6. girl/post/letter
7. two women/cross/road
8. man/telephone

(2) **A busy week**

Familie Brown hat diese Woche viel vor. Bilde Fragen mit **who, what, when** oder **where,** die das unterstrichene Wort bzw. die unterstrichene Wortgruppe als Antwort ergeben!

On Sunday they are going to drive <u>to the country</u>.

Where are they going to drive on Sunday?

9. <u>On Monday</u> Jane is going to see the dentist.
10. On Tuesday Mr and Mrs Brown are going to go <u>to a concert</u>.
11. On Wednesday <u>the twins</u> are going to have a party.
12. On Thursday Stephen is going to see <u>a film</u>.
13. On Friday Mrs Brown is going to visit <u>a friend</u> in Southend.
14. On Saturday the Browns are going to buy <u>a new sofa</u>.

12. Die Befehlsform (the imperative)

(1) Die Befehlsform bildet man ganz einfach mit der **Nennform ohne „to“.** Verneint wird mit **don't:**

Nennform	**Befehl**	**Verneinung**
to come	**Come!**	**Don't** come!
to go	Go!	Don't go!
to close the door	....	....
to wait (warten)	....	....

Um den Befehl höflicher zu machen, hängt man **please** an:

Close the door, **please!**

(2) Bei einer Aufforderung zum gemeinsamen Handeln wird **let's** (aus „let us“) vor die Nennform ohne „to“ gestellt:

to begin	**Let's begin!**	(Fangen wir an!)
to hurry	Let's hurry!	(Beeilen wir uns!)
to go	....	
to run	....	
to walk	....	
to go by bus	....	
to see	....	
to have a look	....	(Schauen wir uns das einmal an!)

12. *Die Befehlsform (the imperative)*

(1) **Wie man eine Tasse Tee zubereitet (How to make a cup of tea)**

Für Anleitungen und Kochrezepte wird im Englischen die Befehlsform verwendet. Versuche die acht Schritte, die zur Vorbereitung einer Tasse Tee notwendig sind, aus dem Gedächtnis aufzuschreiben!

Fill the kettle with water. Then boil… Then…

1. to fill the kettle with water
2. to boil (kochen) the water
3. to warm the teapot (vorwärmen/Teekanne)
4. to put in (hineingeben) the tea
5. to fill the teapot with water
6. to leave (stehen lassen) it for a short time
7. to pour (gießen) the tea into a cup
8. to add (hinzufügen) milk and sugar

(2) Was darfst du in deiner Klasse machen? Verneine folgende Befehle, wenn sie falsch sind!

Break the windows!

Don't break the windows!

9. Play football in class!
10. Listen to the teacher!
11. Clean the blackboard!
12. Make a mess (Unordnung machen)!
13. Stand on the desks!
14. Draw pictures in the register (Klassenbuch)!
15. Make a lot of noise (viel Lärm machen)!
16. Pay attention (Paß auf)!

13. have — have got

to have hat zwei verschiedene Bedeutungen!

1. Bedeutung: haben = besitzen

John **hat** einen Hund. → John **has** a dog.
→ John **has got** a dog.

Die Form **has got** ist die in der Umgangssprache übliche: **got** hat hier keine eigene Bedeutung.
Bei der **Frage** bzw. **Verneinung** wird nicht mit **do** bzw. **does** umschrieben:

	S	P		O
		av	V	
	John	**has**	got	a dog.
Has	John		got	a cat?
	John	**hasn't**	got	a cat.

Übersetze mit „got"!

Ich habe ein Fahrrad.
Wir haben einen netten Lehrer.
Frau Smith hat eine Katze.
Die Zwillinge haben ein Kaninchen.
Vater hat viele Pfeifen.

2. Bedeutung: haben = nehmen, essen, konsumieren

John **has** a bath (baden) in the evening.
The Browns **have** a holiday (Urlaub nehmen) in August.
Mr Brown **has** lunch (Mittagessen) at twelve o'clock.

In diesen Bedeutungen gibt es nur die **eine Möglichkeit,** also **kein got.**
Bei der **Frage** bzw. **Verneinung** ist die Umschreibung mit **do** bzw. **does** notwendig:

	S	P		O	
		av	V		
	John		**has**	a bath	in the evening.
Does	John		have	a bath	in the morning?
	John	**doesn't**	have	a bath	in the morning.

Übersetze!

Er frühstückt um acht Uhr (to have breakfast).
Sie badet nicht in der Früh.
Nimmt er im August Urlaub?
Essen Sie um 12 Uhr?

13. *have — have got*

(1) Schreib die folgenden Sätze nochmals auf, diesmal jedoch mit **got!**
Bilde dazu die passende **Frage** bzw. **Verneinung** wie im Beispiel!

A horse has six legs. (four) **Unterstreiche „got"!**

A horse has got six legs. Has a horse got six legs?
No, it hasn't got six legs. It has got four legs.

1. The twins have a Rolls Royce. (bikes)
2. I have a Russian exercise-book. (English exercise-book)
3. The Browns have a flat (Wohnung). (house)
4. John has a guinea-pig (Meerschweinchen). (dog)

(2) In den folgenden Beispielen hat das Wort „to have" nicht die Bedeutung von „besitzen", sondern von **nehmen, essen, konsumieren.** Bilde Sätze wie im Beispiel!

John has a bath every evening. (morning)

Does John have a bath every morning?
No, he doesn't have a bath every morning.

5. Father has lunch in a canteen (Kantine). (at home)
6. The twins have cocoa for breakfast. (coffee)
7. Floppy has a meal in the evening. (in the morning)
8. Stephen and Jane have dinner at seven o'clock. (at five o'clock)

(3) In dieser letzten Übung kommen beide Bedeutungen vor. Bilde passende **Fragen** und **Verneinungen** und verwende **got** dort, wo es möglich ist! **Unterstreiche „got"!**

Mr Brown has a blue car. (green)

Has Mr Brown got a green car?
No, he hasn't got a green car.

9. The twins have red pullovers. (yellow)
10. The twins have lunch at school. (at home)
11. Floppy has a bath every week. (every day)
12. Floppy has a rubber bone. (rubber mouse)
13. Stephen has toast for breakfast. (sandwiches)
14. Stephen has a racing-bike. (motorbike)

14. Kurzantworten (short answers)

Bei der **Kurzantwort** kommt nur **av** mit oder ohne **not!**

	S	P		O	
		av	V		
	It	**is**	raining.		
Is	it		raining?		→ Yes, it **is.**
Is	it		snowing?		→ No, it **isn't.**
	You	**are**	learning	English.	
Are	you		learning	English?	→ Yes, I **am.**
Are	you		learning	French?	→ No, **I'm not.**
	They	**are**	making	an aeroplane.	
Are	they		making	an aeroplane?	→ Yes, they **are.**
Are	they		making	a car?	→ No, they **aren't.**
	Stephen		**likes**	cheese.	
Does	Stephen		like	cheese?	→ Yes, he **does.**
Does	Stephen		like	beer?	→ No, he **doesn't.**
	They		speak	English.	
Do	they		speak	English?	→ Yes, they **do.**
Do	they		speak	Russian?	→ No, they **don't.**
	Mike	**will**	ask	Peter.	
Will	Mike		ask	Peter?	→ Yes, he **will.**
Will	Mike		ask	Jim?	→ No, he **won't** (=will+not).
	Father	**has**	got	an Austin.	
Has	Father		got	an Austin?	→ Yes, he **has.**
Has	Father		got	a Ford?	→ No, he **hasn't.**
	Mary	**can**	play	chess.	
Can	Mary		play	chess?	→ Yes, she **can.**
Can	Mary		play	the piano?	→ No, she **can't.**

Vorsicht! Is **there** a book on the table? — Yes, **there** is.
Is **there** a glass on the table? — No, **there** isn't.
Are **there** two pencils in the satchel? — No, **there** aren't.

14. Kurzantworten (short answers)

Gib Kurzantworten auf die folgenden Fragen. Mach die Übung zuerst **mündlich** durch, bis du sie mühelos und fehlerfrei bewältigst. Achte darauf, daß sich in den meisten Fällen — wie bei einem Echo — das erste Wort der Frage im letzten Wort der Kurzantwort wiederholt!

DOES Stephen like cheese? Yes, he does. ....

HAS Mr Brown got a Ford? No, he hasn't. ....

1. Is it an English book? Yes, ...
2. Is it a Russian book? No, ...
3. Are there twenty questions in this exercise? Yes, ...
4. Are there twenty-five questions in this exercise? No, ...
5. Are you doing an English exercise? Yes, ...
6. Are you playing a game? No, ...
7. Does Mr Brown work in a bank? Yes, ...
8. Does he work in a shop? No, ...
9. Do the twins wear jeans at school? No, ...
10. Do they wear uniforms at school? Yes, ...
11. Have the neighbours got a rabbit? No, ...
12. Have they got a cat? Yes, ...
13. Will you finish this exercise? Yes, ...
14. Will you stop now? No, ...
15. Do you live in England? No, ...
16. Do you live in Europe? Yes, ...
17. Can you speak German? Yes, ...
18. Can you speak Chinese? No, ...
19. Has Stephen got a racing-bike? Yes, ...
20. Has he got a motorbike? No, ...

15. Wiederholung (revision): Kapitel 10 bis 14

Dritter Kontrolltest (third test)

(1) **Vergleiche!**

A sports-car is fast. A bus is not very fast. (je 2 Punkte)

A sports-car is faster than a bus.

1. Jane is careful. Stephen is not careful.
2. Mary's homework is bad. John's homework is very bad.
3. Vienna is big. New York is very big.
4. A car is noisy. A motorbike is very noisy.
5. Mathematics is difficult. Biology is not difficult.

(2) **Setze „shall" oder „will" ein. Wo das möglich ist, verwende die Kurzform!** (je 2 Punkte)

6. I hope he (to come) next weekend.
7. The Browns are not at home but they (to be) back soon.
8. Emma (to see) her friends this afternoon? **(Frage!)**
9. When you (to finish) this exercise? **(Frage!)**
10. Mr Brown is ill. He (not, to go) to his bank tomorrow. **(Verneinung!)**
11. Today it is 6th March. Tomorrow it (to be) 7th March.
12. Hurry! You (to miss) your bus!

(3) **Verwende die „going to"-Zukunft!** (je 2 Punkte)

13. I (to meet) my friends this afternoon.
14. The Browns (to drive) to the country at the weekend.
15. You (to go) to England this summer? **(Frage!)**
16. Emma (to have) lunch soon? **(Frage!)**
17. Mother (to phone) (anrufen) Mrs Jenkins? **(Frage!)**
18. It (not, to rain) tomorrow. **(Verneinung!)**
19. They (not, to get) wet (naß werden). **(Verneinung!)**
20. When the children (to have) supper? **(Frage!)**

(4) **Übersetze!** (je 2 Punkte)

21. Öffnet eure Bücher!
22. Schauen wir uns das einmal an!
23. Beeilen wir uns!
24. Bitte warte auf (wait for) mich!
25. Bitte nicht schreien!

15. Wiederholung (revision): Kapitel 10 bis 14

(5) **Bilde Sätze mit „have“ bzw. „have got“!** (je 2 Punkte)

26. I (to have) breakfast at home.
27. You (to have) breakfast at home, too? **(Frage!)**
28. No, I (not, to have) breakfast at home. **(Verneinung!)**
29. I (to have) a very nice English book.
30. You (to have) a nice English book, too? **(Frage!)**
31. No, I (not, to have) a nice English book. **(Verneinung!)**
32. Stephen (to have) a racing-bike.
33. John (to have) a racing-bike, too? **(Frage!)**
34. No, he (not, to have) a racing-bike. **(Verneinung!)**
35. Emma (to have) lunch at home or at school? **(Frage!)**
36. She usually (to have) lunch at school.

(6) **Bilde passende Kurzantworten!** (je 1 Punkt)

37. Is Floppy in the garden? No, . . .
38. Can you play the horn? No, . . .
39. Does Uncle Fred live in the country? Yes, . . .
40. Has Emma got a cold? No, . . .
41. Will Stephen be late? No, . . .
42. Are you learning English? Yes, . . .
43. Are there many boys? Yes, . . .
44. Is this the end? Yes, . . .

Bewertung

70—80 Punkte = Ausgezeichnet!
60—69 Punkte = Gut gemacht!
50—59 Punkte = In Ordnung!
Unter 50 Punkten = Mach die Kapitel, die dir Schwierigkeiten bereitet haben, noch einmal!

16. Die einfache Mitvergangenheit (the past simple)

16.1 to be: was — were

EINZAHL	I he she it	**was**	ich er sie es	war
MEHRZAHL	we you they	**were**	wir Sie sie	waren

aber auch: du warst, ihr wart!

I ...was............ ill yesterday.

Sandy, you .... late yesterday.

It .... cold last Monday.

The Browns .... in Cambridge last weekend.

We .... at school yesterday.

She .... at the doctor's yesterday afternoon.

He .... at home yesterday morning.

Die Frage

	He	**was**	at home yesterday morning.
Was	he		at home yesterday morning?
	They	**were**	in the park yesterday afternoon.
Were	they		in the park yesterday afternoon?

Die Verneinung

She	was	at home yesterday.
She	**was not** **wasn't** [wɔznt]	at home yesterday.
The twins	were	ill yesterday.
The twins	**were not** **weren't** [wəːnt]	ill yesterday.

Setze „was" bzw. „were" ein!

.... it sunny yesterday?

.... you at home last night?

.... I late last Sunday?

Bilde die Verneinung!

The twins .... in Austria last year.

I .... in London yesterday.

She .... at the dentist's yesterday.

16. *Die einfache Mitvergangenheit (the past simple)*

(1) Where was everybody yesterday? Bilde aus den Wortgruppen Sätze und unterstreiche **was** bzw. **were!**

Yesterday morning/the twins/at school

Yesterday morning the twins were at school.

Yesterday evening/Jane/at a party

Yesterday evening Jane was at a party.

1. Yesterday morning/Stephen/at the grocer's
2. Yesterday afternoon/Father/at work
3. Yesterday morning/Granny/in the library (Bibliothek)
4. Yesterday evening/the twins/at home
5. Yesterday afternoon/Jane/at her piano lesson
6. Yesterday evening/Mr and Mrs Brown/at a friend's house
7. Yesterday afternoon/Stephen and his friends/at a football match
8. Yesterday afternoon/Grandpa/at the cinema

(2) Beantworte die Fragen! Unterstreiche wieder **was** bzw. **were!**

Where was Jane yesterday morning? (at school)

She was at school.

9. Where was Grandpa yesterday afternoon? (at the cinema)
10. Where were the Browns last summer? (in Spain)
11. Where were the twins on Tuesday morning? (at school)
12. Where was Floppy yesterday at four o'clock? (in the garden)
13. Where was Stephen last Saturday? (at a friend's party)
14. Where were all the children last month? (in Birmingham)
15. Where was Jane last Monday afternoon? (at the seaside)
16. Where was Granny yesterday morning? (in the library)
17. Where were Mother and Floppy on Thursday morning? (at the post office)

16.2 Wie bildet man das „past simple“?

PRESENT	I We You They	play	football. tennis. with a toy.
	He She It	plays	
PAST	I We You They He She It	play**ed**	football. tennis. with a toy.

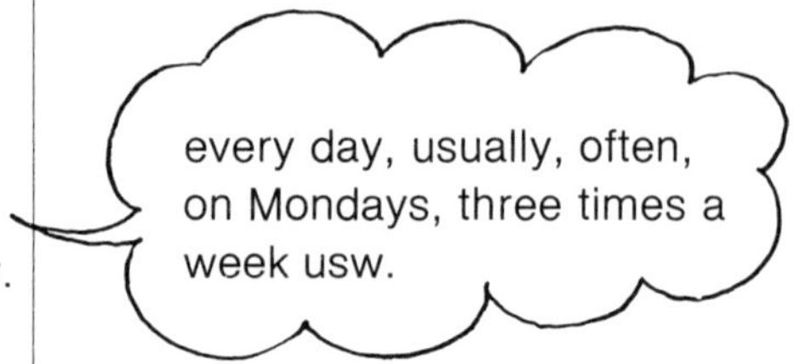

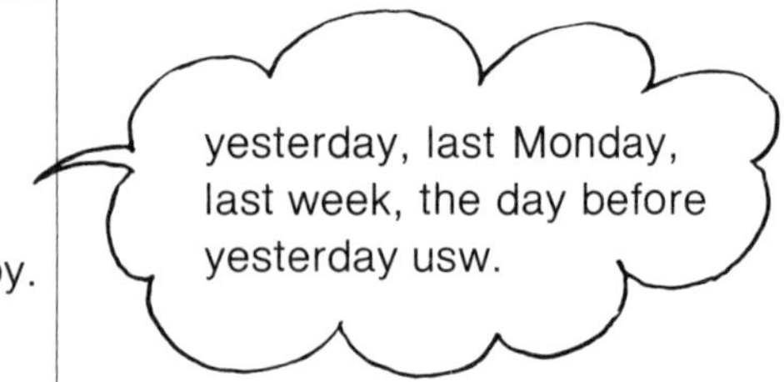

Im Gegensatz zum „present simple " gibt es beim „past simple" für **alle Personen** nur **eine Form,** die bei den meisten Zeitwörtern einfach durch Anhängen von **ed** gebildet wird:

play — play**ed** help — helped stay — ....

Hat die Nennform am Ende bereits ein stummes **e,** dann wird nur **d** angehängt!

like — like**d** live — lived hope — ....

Vorsicht! Aussprache!

Das „e" in „ed" bleibt in der Regel **stumm:** liked — [laikt] lived — [livd]

Das „e" wird nach „t" oder „d" [id] ausgesprochen: wan**t**ed — [wɔntid] shou**t**ed — [ʃautid] a**dd**ed — [ædid]

Steht **ein** Mitlaut am Ende eines einsilbigen Zeitworts, wird er verdoppelt:

stop — sto**pp**ed drop — ....

Endet ein Zeitwort auf Mitlaut + y, so wird dieses in **i** verwandelt:

cry — cr**i**ed try (versuchen) — ....

16. *Die einfache Mitvergangenheit (the past simple)*

(1) Setze in das **past simple!**

The twins play in the garden every day. (yesterday)

The twins played in the garden yesterday.

Jane often practises (üben) the piano. (last Monday)

Jane practised the piano last Monday.

1. Father sometimes bakes a cake. (yesterday)
2. The twins often laugh. (yesterday)
3. Father always finishes work at five o'clock. (yesterday)
4. The twins sometimes tidy up (aufräumen) their room. (at the weekend)
5. Stephen sometimes practises the guitar. (yesterday evening)
6. Father often works in the garden. (at the weekend)
7. School always starts at nine o'clock. (yesterday)
8. The Browns sometimes invite some friends. (yesterday evening)
9. Mother usually washes the clothes on Monday. (last Monday)
10. John sometimes repairs his bike. (yesterday afternoon)
11. Granny and Grandpa often visit the Browns. (last week)
12. The children sometimes watch TV in the evening. (yesterday evening)
13. Mother often listens to the radio. (yesterday afternoon)
14. Our teacher sometimes drops the chalk (Kreide). (last Thursday)
15. Father sometimes misses his bus. (yesterday evening)

(2) Bilde zehn Sätze darüber, was du gestern getan hast. Versuche dafür die folgenden Zeitwörter zu verwenden:

16. to play
17. to work
18. to learn
19. to practise
20. to watch TV
21. to paint (malen)
22. to help
23. to wash
24. to prepare (zubereiten)
25. to stop

Verwende dabei immer eine Zeitangabe wie **yesterday** oder **yesterday afternoon!**

Yesterday morning I... Yesterday at ten o'clock...
Yesterday afternoon...

16.3 Unregelmäßige Zeitwörter (irregular verbs)

Eine größere Zahl sehr wichtiger Zeitwörter hält sich nicht an die regelmäßige Bildung mit „ed“. Diese **unregelmäßigen Zeitwörter** mußt du einzeln auswendig lernen. Decke dazu die zweite bzw. die vierte Spalte mit einem Stück Papier ab, und schreib darauf jeweils das „past simple“! Übrigens: Viele dieser Zeitwörter haben Ähnlichkeiten mit den sogenannten „starken“ Verben in der deutschen Sprache!

present	**past**		**present**	**past**	
begin	began		have	had	
break	broke		hear	heard	[hə:d]
bring	brought	[brɔ:t]	leave	left	
buy	bought	[bɔ:t]	lose	lost	
catch	c**a**ught	[cɔ:t]	make	made	
come	came		meet	met	
cut	cut		pay	pa**i**d	
do	did		put	put	
drink	drank		read	read	[red]
drive	drove		ring	rang	
eat	ate	[et]	run	ran	
fall	fell		say	said	[sed]
feel	felt		see	saw	
fight	fought	[fɔ:t]	stand	stood	
find	found	[faund]	swim	swam	
forget	forgot		take	took	
get	got		tell	told	
give	gave		think	thought	[θɔ:t]
go	went		write	wrote	

Versuche mit jedem Zeitwort einen Satz zu bilden. Verwende dabei immer eine Zeitangabe wie „yesterday“ oder „last week“!

Yesterday school **began** at eight o'clock.
Last week I **broke** a glass.

16. *Die einfache Mitvergangenheit (the past simple)*

(1) Setze in das **past simple**!

Emma sometimes goes to the dentist. (last Wednesday)

Emma went to the dentist last Wednesday.

Granny Brown often comes to London. (yesterday)

Granny Brown came to London yesterday.

1. The Browns usually get up at seven o'clock. (yesterday)
2. School always begins at nine o'clock. (yesterday)
3. Stephen often goes to a football match. (last Sunday)
4. Mother sometimes buys fish and chips for the family. (last Thursday)
5. Granny sometimes gives the twins some sweets. (last week)
6. Floppy often runs after the neighbour's cat. (yesterday afternoon)
7. Father sometimes comes home late. (last night)
8. The twins always have lunch at school. (yesterday)
9. Grandpa usually does the shopping in the morning. (yesterday morning)
10. John sometimes forgets his pen. (last Tuesday)
11. The Browns sometimes drive to the country. (last Sunday)
12. Emma sometimes takes the wrong books to school. (yesterday)
13. Granny sometimes loses her wool. (yesterday)
14. Mother often meets her friend Mrs Jenkins. (last Wednesday)
15. The twins always do their homework after school. (yesterday)

(2) Schreib jetzt wieder zehn Sätze darüber, was du gestern gemacht hast. Versuche diesmal, die folgenden **unregelmäßigen Zeitwörter** zu verwenden!

16. to get up
17. to have breakfast
18. to go
19. to meet
20. to buy
21. to write
22. to eat
23. to drink
24. to come
25. to read

Verwende auch diesmal immer eine Zeitangabe wie **yesterday** oder **yesterday evening!**

Yesterday morning I... At 7.30 I... At 7.45...

16.4 Frage und Verneinung

Die Frage

Wenn kein Hilfszeitwort (av) vorhanden ist, „borgen“ wir uns die Mitvergangenheitsform von „do“, das ist **did,** aus. Da das Hilfszeitwort „did“ nunmehr die Zeit (= Mitvergangenheit/past) bestimmt, kehrt das Hauptzeitwort (V) wieder zurück zur Nennform: **washed** wird **wash,** und **saw** wird **see!**

Die Verneinung

Dasselbe gilt für die Verneinung.
Die Kurzform **didn't** [didnt] ist im gesprochenen Englisch üblich.

	S	P		O	
		av	V		
	John		wash**ed**	Floppy.	
Did	John		wash	Floppy?	**Regelmäßiges**
	John	**did**n't	wash	Floppy.	**Hauptzeitwort!**
	Emma		**saw**	Jane.	
Did	Emma		see	Jane?	**Unregelmäßiges**
	Emma	**did**n't	see	Jane.	**Hauptzeitwort!**
	Sally		made	a mistake.	
....	....		....	........................?	**Frage!**
	....	....	....	....	**Verneinung!**
	John		did	his homework	
....	....		....	........................?	
	....	....	....	....	

Vorsicht!

Im letzten Satz (John **did** his homework) ist **did** das Hauptzeitwort. In Frage und Verneinung ist es Hilfszeitwort! Diese Schwierigkeit haben wir bereits einmal bewältigt, nämlich auf Seite 86 bei der einfachen Gegenwart.

16. Die einfache Mitvergangenheit (the past simple)

Schau das Bild sorgfältig an! Du wirst merken, daß einiges nicht stimmt.

Bilde jetzt Sätze wie:

drive cars

Did people drive cars? No, they didn't drive cars.

1. ride motorbikes
2. use pistols
3. watch television
4. drink coke
5. use telephones
6. play ping-pong
7. wear jeans
8. read newspapers
9. have posters
10. wear watches
11. have traffic lights

17. Schlußtest

In diesem Schlußtest werden die wichtigsten Kapitel noch ein letztes Mal überprüft!

(1) **Bilde die Mehrzahl!** (je 1 Punkt)

1. this house
2. shelf
3. that glass
4. boy
5. bus
6. story
7. that woman
8. baby
9. sandwich
10. this child
11. table
12. tooth

(2) **Bilde Sätze mit den angegebenen Wörtern!** (je 2 Punkte)

13. a pipe, smokes, Father, often, in the evening
14. home, usually, Stephen, at five o'clock, arrives
15. in the garden, at the moment, playing, the children, are
16. with, Floppy, a ball, in the garden, playing, is
17. every evening, the piano, practises, Jane

(3) **„present progressive" oder „present simple"?** (je 2 Punkte)

18. Look! Floppy (to run) after the cat!
19. John sometimes (to clean) his shoes.
20. Mrs Brown (to take) Floppy for a walk every day.
21. I (to do) a test at the moment.
22. Granny and Grandpa often (to come) to London.

(4) **Vergleiche!** (je 2 Punkte)

23. house, palace (big)
24. bicycle, car (expensive)
25. football, ping-pong ball (heavy)
26. Mary is very good. Emma is not very good. Mary, Emma (good)

(5) **Setze die richtigen Zeiten ein!** (je 2 Punkte)

27. Mrs Brown always (to go) shopping in the morning.
28. Tomorrow John (to see) the dentist.
29. I (to finish) my homework early yesterday.
30. The Browns (to visit) Uncle Fred and Aunt Margaret next month.
31. I hope it (to be) nice weather tomorrow.
32. Last night the children (to see) a good film.
33. Father (to come) home at eight o'clock last Monday.
34. He usually (to come) home at six o'clock.

(6) **Frage nach den unterstrichenen Wörtern!** (je 2 Punkte)

35. There is a book on the table.
36. Mother does the shopping in the morning.
37. Father sometimes watches TV in the evening.
38. The twins went to a party last Monday.
39. Mother telephoned Mrs Jenkins yesterday.

(7) **Verneine die Sätze!** (je 2 Punkte)

40. Stephen is playing football with the twins.
41. The twins have lunch at home every day.
42. Yesterday Father missed his bus.
43. Emma goes to school at ten o'clock.
44. It will rain tomorrow.

(8) **Kurzantworten!** (je 1 Punkt)

45. Can John play the piano? No, . . .
46. Does Mother speak Russian? No, . . .
47. Are there some glasses on the table? Yes, . . .
48. Is this the end of the test? Yes, . . .

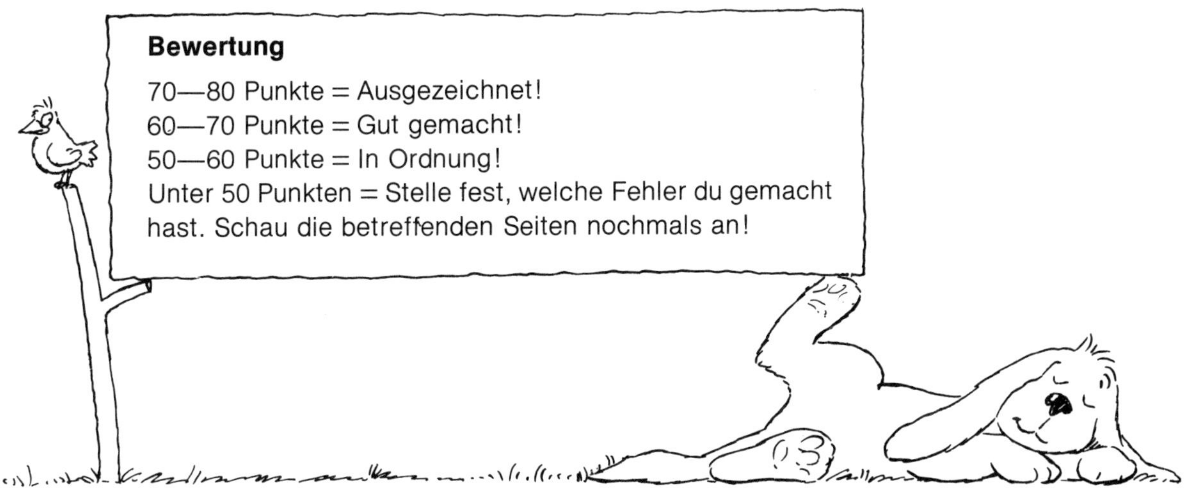

3. Teil
Hör- und Sprechübungen

Die Bilder auf den folgenden Seiten solltest du in Verbindung mit der Kassette, die diesen Band begleitet, verwenden. Diese Kassette beinhaltet eine Hör- und Sprechübung zu fast jedem Grammatikkapitel deines „Englisch positiv!“. Die Texte zu den Übungen stehen im Lösungsheft.
Die Übungen sind immer in drei Stufen gegliedert. Bei allen drei Stufen solltest du als Unterstützung die Bilder auf den folgenden Seiten verwenden. Benütze jedoch **nicht** den Begleittext im Lösungsheft, denn diese Übungen sollen das Hören und nicht das Mitlesen schulen!

Übrigens, wenn du keine Kassette hast und deine Mutter oder dein Vater gut Englisch sprechen kann, dann können sie dir die Geschichten und Fragen aus dem Lösungsheft vielleicht vorlesen und so mit dir zusammenarbeiten.

Und jetzt wünschen wir dir viel Erfolg!

1. Der Artikel

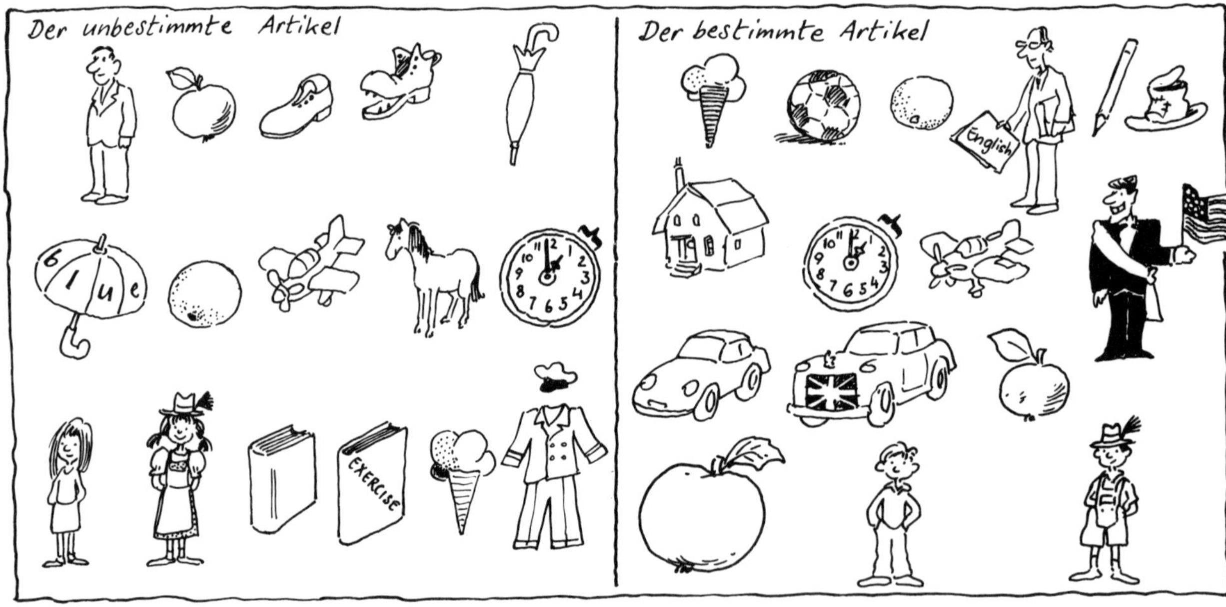

2. Das Hauptwort

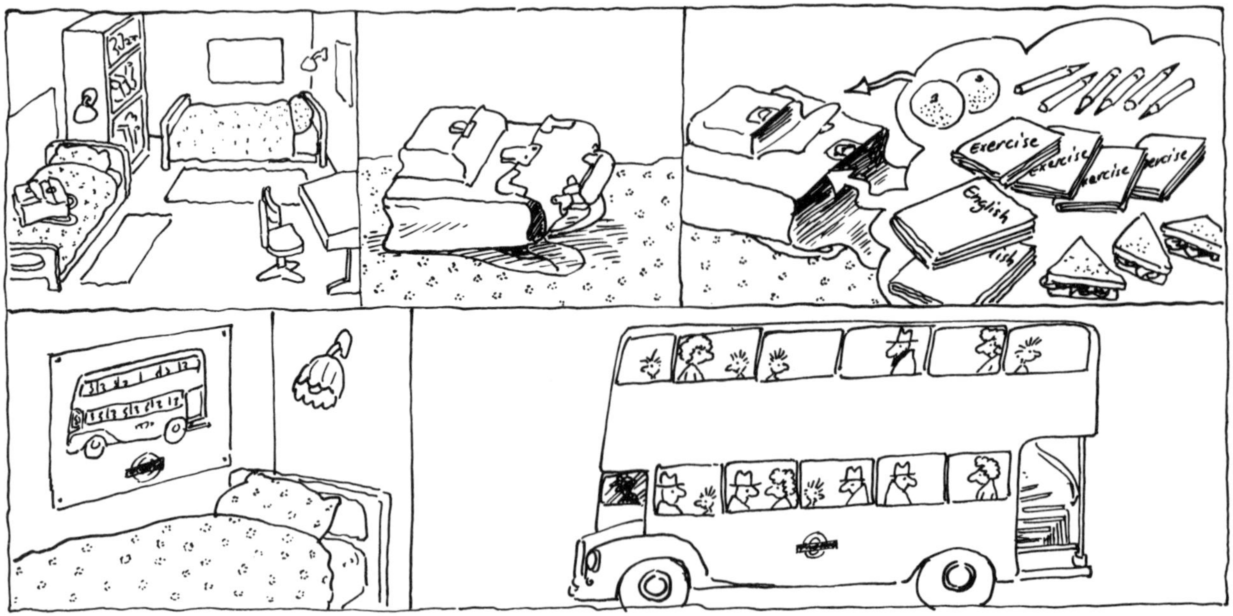

3. Das Fürwort

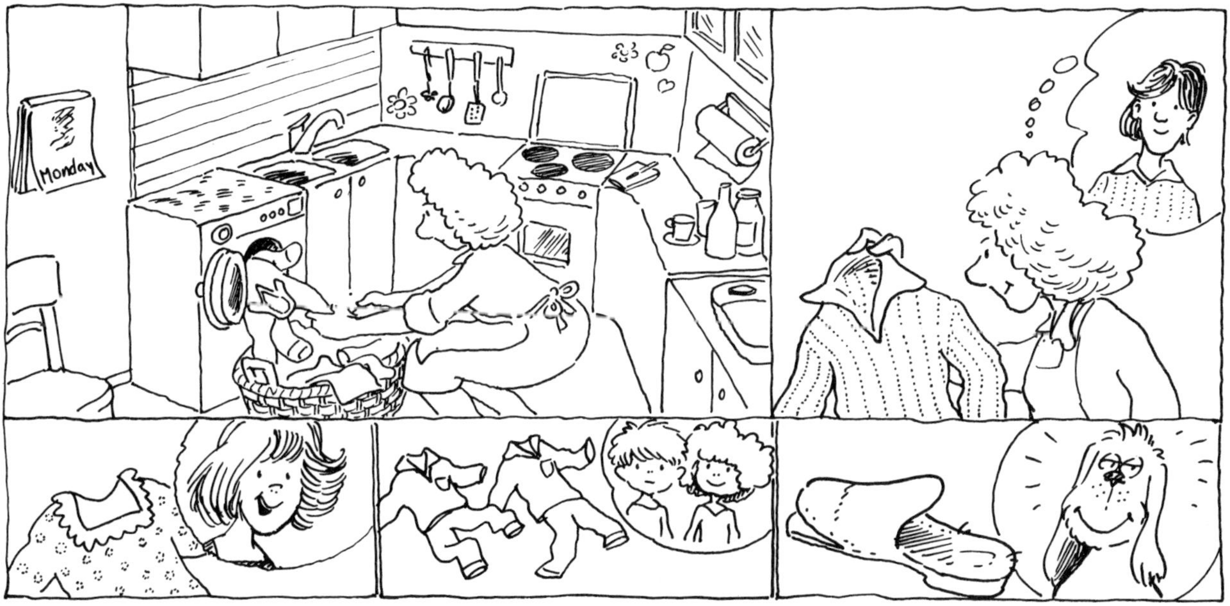

4. Hilfszeitwörter

5. Die Verlaufsform der Gegenwart

7. Die Wortstellung

8. Die einfache Gegenwart

10. Das Eigenschaftswort

11. Die Zukunft

12. Die Befehlsform

13. have — have got

14. Kurzantworten

16. Die einfache Mitvergangenheit